PROPAGANDA RESPONSÁVEL

É O QUE TODO ANUNCIANTE DEVE FAZER

Dados Internacionais de Catalogação na Publicação (CIP)
(Câmara Brasileira do Livro, SP, Brasil)

Govatto, Ana Claudia Marques
Propaganda responsável : é o que todo anunciante deve fazer / Ana Claudia Marques Govatto. — São Paulo : Editora Senac São Paulo, 2007.

Bibliografia
ISBN 978-85-7359-608-3

1. Campanha publicitária — Planejamento 2. Propaganda 3. Publicidade I. Título.

07-5671   CDD-659.11

Índice para catálogo sistemático:
1. Propaganda : Planejamento   659.11

PROPAGANDA RESPONSÁVEL

É O QUE TODO ANUNCIANTE DEVE FAZER

ANA CLAUDIA MARQUES GOVATTO

ADMINISTRAÇÃO REGIONAL DO SENAC NO ESTADO DE SÃO PAULO
Presidente do Conselho Regional: Abram Szajman
Diretor do Departamento Regional: Luiz Francisco de Assis Salgado
Superintendente Universitário e de Desenvolvimento: Luiz Carlos Dourado

EDITORA SENAC SÃO PAULO
Conselho Editorial: Luiz Francisco de Assis Salgado
Luiz Carlos Dourado
Darcio Sayad Maia
Lucila Mara Sbrana Sciotti
Marcus Vinicius Barili Alves

Editor: Marcus Vinicius Barili Alves (vinicius@sp.senac.br)

Coordenação de Prospecção Editorial: Isabel M. M. Alexandre (ialexand@sp.senac.br)
Coordenação de Produção Editorial: Antonio Roberto Bertelli (abertell@sp.senac.br)
Supervisão de Produção Editorial: Izilda de Oliveira Pereira (ipereira@sp.senac.br)

Edição de Texto: Léia Fontes Guimarães
Preparação de Texto: Márcia Rodrigues
Revisão de Texto: Edna Viana, Véra Regina A. Marelli
Projeto Gráfico e Editoração Eletrônica: Antonio Carlos De Angelis
Impressão e Acabamento: Bartira Gráfica e Editora S/A.

Gerência Comercial: Marcus Vinicius Barili Alves (vinicius@sp.senac.br)
Supervisão de Vendas: Rubens Gonçalves Folha (rfolha@sp.senac.br)
Coordenação Administrativa: Carlos Alberto Alves (calves@sp.senac.br)

Proibida a reprodução sem autorização expressa.
Todos os direitos desta edição reservados à
Editora Senac São Paulo
Rua Rui Barbosa, 377 — 1º andar — Bela Vista — CEP 01326-010
Caixa Postal 3595 — CEP 01060-970 — São Paulo — SP
Tel. (11) 2187-4450 — Fax (11) 2187-4486
E-mail: editora@sp.senac.br
Home page: http://www.editorasenacsp.com.br

© Ana Claudia Marques Govatto, 2007

SUMÁRIO

Nota do editor 7
Prefácio — *Gino Giacomini Filho* 9
Dedicatória 11
Agradecimentos 13
A importância da propaganda responsável 15
Ética e responsabilidade social corporativa 23
O papel social da propaganda 69
Conclusão 125
Referências bibliográficas 139
Índice geral 145

NOTA DO EDITOR

Com o grande número de críticas e questionamentos que as entidades privadas vem recebendo nos últimos anos por parte dos consumidores (cada vez mais exigentes e conscientes), a responsabilidade social se tornou um tema de extrema relevância para as organizações. Investir no bem-estar da comunidade em que se insere, na preservação do meio ambiente e na melhoria da qualidade de vida de seus funcionários são atitudes que contam muitos pontos. As chances de uma empresa ser bemsucedida aumentam à medida que ela prioriza a atuação socialmente responsável.

A conduta ética das empresas, no entanto, deve ir além. O modo como seus produtos são expostos na mídia também afeta diretamente a vida das pessoas, influenciando comportamentos e atitudes. Por isso, numa propaganda, é importante o cuidado com detalhes que nem sempre estão ligados diretamente ao produto em questão, mas que, se esquecidos, podem fazer com que a empresa adquira uma imagem negativa perante o público.

São questões como essas que o livro aborda, com a análise de peças publicitárias de empresas anunciantes que se colocam na posição de organizações socialmente responsáveis. Uma publicação do Senac São Paulo que deve interessar aos estudiosos das áreas de gestão empresarial e comunicação e ao público em geral.

PREFÁCIO

Esta obra de Ana Claudia Marques Govatto surge num momento estratégico para as atividades de marketing, publicidade e comunicação. Isso porque, neste início de século, apesar das sinalizações sociais no sentido de uma prática publicitária ética e socialmente responsável, lidamos com um sem-número de anúncios e atividades promocionais que desafiam o bom senso e a credibilidade da indústria da propaganda.

Discutir a atuação socialmente responsável da publicidade é discutir a própria sociedade em que vivemos e, por conseguinte, nós mesmos. A publicidade, ao tempo que nos convence, retrata valores compartilhados com a cidadania, que, ao tempo que os cultiva, não aprecia sua plena difusão. O consumismo é apenas um deles.

A obra é bastante competente ao lidar com os conceitos de publicidade e responsabilidade social, além de estar sintonizada com a realidade de mercado em cujo contexto as discussões ganham profundidade prática.

A área de responsabilidade social passa por momentos irregulares. De um lado, tem sido indevidamente apropriada para legitimar ações, projetos e promoções despidos de qualquer sustentação ética, de outro, tem sido a porta de entrada para que empresas e sociedade compartilhem de uma agenda comum, em que seus interesses são mutuamente atendidos.

O fato de haver um bom volume de anúncios que estejam em descompasso com o Código Brasileiro de Defesa do Consumidor e com o Código Brasileiro de Auto-Regulamentação Publicitária mostra que há muito que fazer no mundo da ética publicitária, até porque tal postura de agências e anunciantes impacta a qualidade de sua comunicação e o desempenho de vendas e marketing das marcas anunciadas.

Todos os últimos indicadores sobre a participação dos instrumentos promocionais têm mostrado uma redução intensa e regular da publicidade no bolo de comunicação utilizada pelos anunciantes. Essa situação, bastante discutida pelos profissionais da área, pode ser atribuída, em parte, a uma postura de desafios a certos patamares de responsabilidade social que a atividade publicitária tem insistido em repetir, inclusive na esfera da propaganda política.

Ana Claudia aponta muitos caminhos e indica também que a responsabilidade social da publicidade é um fenômeno complexo que envolve todos os integrantes da indústria da propaganda e da sociedade. Nesse caso, a presente obra vem colaborar, e muito, com o debate sobre a publicidade, a responsabilidade social e sobre nós mesmos.

Gino Giacomini Filho
Professor da Universidade Imes e ECA-USP, doutor e livre-docente em publicidade e propaganda.

DEDICATÓRIA

Dedico este trabalho a todas as empresas que têm mudado a forma de gerir os negócios, adquirindo a consciência da importância econômica e social de suas atividades e dos efeitos que suas relações com as diversas esferas sociais provocam. Também àquelas ainda distantes do comportamento social ideal, para que se inspirem a começar a promover mudanças.

Aos meus pais, que construíram minha base idealista e me mostraram, ao longo de minha existência, que ser ética e justa vale a pena. Muito me orgulha tê-los como meu solo fértil e minha semente.

Ao meu companheiro, Eder, que, com amor, carinho e tolerância, soube compreender a importância que o trabalho e o estudo têm em minha vida.

À minha filha, Ana Beatriz, fruto de minha crença num ser humano melhor, que me ajuda a refletir diariamente sobre o papel das pessoas na sociedade e me mostra, com a simplicidade e a sinceridade natural de uma criança, que mais valem os exemplos do que as palavras.

AGRADECIMENTOS

A Gino Giacomini Filho, que, com toda a sua experiência e simplicidade, exerceu papel fundamental no desenvolvimento deste livro, não apenas pelo brilho de seu intelecto, mas também por sua cidadania consciente.

Nossa convivência reforçou minhas crenças e me motivou a prosseguir no estudo da responsabilidade social corporativa.

Às empresas que contribuíram com materiais e entrevistas e também àquelas que pouca importância deram ao estudo, o que reforçou a crença de que nem todas as empresas estão preparadas para a mudança.

A IMPORTÂNCIA DA PROPAGANDA RESPONSÁVEL

> Processo tão natural como beber água ou caminhar, a comunicação é a força que dinamiza a vida das pessoas, e das sociedades: a comunicação excita, ensina, vende, distrai, entusiasma, dá *status*, constrói mitos, destrói reputações, orienta, desorienta, faz rir, faz chorar, inspira, narcotiza, reduz a solidão e — num paradoxo digno de sua infinita versatilidade — produz até a incomunicação.
>
> Juan Enrique Diaz Bordenave, *Além dos meios e mensagens: introdução à comunicação como processo, tecnologia, sistema e ciência.*

Este livro é fruto de um estudo que objetivou analisar a responsabilidade social corporativa a partir do cumprimento e da observação dos postulados éticos das relações de consumo e da propaganda em consonância com os valores morais e éticos da sociedade brasileira. Pretendeu ainda abordar a postura ética nos negócios, o engajamento e o compromisso social de empresas e como as organizações têm agregado a responsabilidade social à comunicação publicitária. Contudo, o estudo é também resultado de uma inquietação profissional e pessoal que leva muitos a se perguntarem, em algum momento da vida, qual é sua verdadeira missão como profissionais.

O maior estímulo para tirar este trabalho da estante do escritório foi perceber que, ano após ano, as empresas — e os cidadãos que comandam as empresas — têm se preocupado muito pouco com o papel social da propaganda. O ano-base do estudo é 2002, mas houve pouca evolução depois de mais de cinco anos. As empresas que discursam responsabilidade social são, muitas vezes, aquelas que cometem os maiores atos de irresponsabilidade comunicacional. Seria como pregar a paz e promover, ao mesmo tempo, a guerra. Incoerência sem tamanho. Para toda ação há uma reação.

Um país, como é o caso do Brasil, acostumado à omissão tem grandes dificuldades em exercer a cidadania. É comum ver o cidadão, em seu papel de consumidor, preferir o conformismo a buscar seus direitos por vezes ignorados. A cultura do lucro empresarial, por sua vez, exerce função determinante nas relações de consumo, reforçando nos consumidores a equivocada crença de que reclamar seus direitos é um ato inútil. Por fim, também as esferas governamentais são omissas quando se isentam do papel de reguladoras ou balizadoras da conduta dos cidadãos e das organizações empresariais.

Trata-se, portanto, de um momento de reflexão social e da função social das empresas, a chamada responsabilidade social corporativa, cuja base é a conduta ética nos negócios em todos os seus estágios e esferas de ação, inclusive no que diz respeito à propaganda como instrumento de troca de informações e de transmissão de significados de uma organização.

Já no século XIII, Tomás de Aquino, teólogo e filósofo dominicano seguidor de Aristóteles, identificou a mente ou alma com a forma (no sentido filosófico) do corpo e procurou conjugar essa teoria com a crença cristã na imortalidade. Em seus estudos, Aquino deixou registrado o que, a nosso ver, é a essência das relações de consumo no que se refere à quebra dos padrões éticos e morais da sociedade. Escreveu ele:

> Na medida em que o objetivo dos comerciantes é especialmente voltado ao enriquecimento, a avidez é despertada nos corações dos cidadãos que se dedicam ao comércio. [Com o aumento da oferta de produtos] a confiança será destruída e caminhos serão abertos para todos os tipos de fraude; cada um só trabalhará para seus próprios lucros, desprezando o bem comum; o cultivo da virtude falhará, já que a honra, o galardão da virtude, será outorgada a qualquer indivíduo.[1]

Talvez seja essa a possível motivação que leve a sociedade a se sujeitar a todo tipo de abuso, dos mais explícitos e aviltantes (caso da propaganda enganosa e do fornecimento de produtos defeituosos, ambos previstos pelo Código de Defesa do Consumidor) até os atos com conseqüências mais graves e muitas vezes menos perceptíveis num primeiro momento, como o reforço do preconceito ou o não-cumprimento de leis.

Anúncio publicado na revista *Veja*, em outubro de 2002,[2] pela empresa Credicard, uma das maiores administradoras de cartões de crédito do mundo, é exemplo de propaganda criada na contramão da responsabilidade social corporativa.

---

[1] Tomás de Aquino, *apud* Francisco A. M. de Souza, *Marketing pleno* (São Paulo: Makron Books, 1999), p. 22.

[2] Em *Veja*, nº 1.771, São Paulo, 2-10-2002, pp. 78-79.

A peça publicitária, cuja finalidade é divulgar um novo serviço do anunciante, apresenta um casal passeando de automóvel sem usar o cinto de segurança. Talvez, para boa parte dos leitores da revista, tal aspecto tenha passado despercebido, o que não exime de responsabilidade o anunciante, que, por tencionar transmitir a "sensação" de liberdade, principal benefício oferecido pelo serviço prestado pela empresa, desprezou o Código Nacional de Trânsito vigente no país.

O aspecto permissivo relacionado ao não-cumprimento da lei de trânsito que a mensagem possui (não usar cinto de segurança poderia ser entendido como sinônimo de liberdade) poderia influenciar comportamentos nocivos à sociedade.

Isso mostra que muitos agenciadores de propaganda, em todo o mundo, estão distantes de contribuir efetivamente para a prática da chamada propaganda socialmente responsável.

Uma marca de chocolates viu seu filme publicitário premiado no Festival de Cannes 2002,[3] apesar do absoluto desprezo pelo papel educacional da mensagem publicitária.

O filme publicitário traz um garoto de aproximadamente 6 anos, filho único, que, inconformado com o fato de sempre jogar futebol sozinho, promove um verdadeiro jantar romântico para os pais com o firme propósito de ganhar um irmãozinho. Em casa, sozinho, o menino sobe em uma cadeira e coloca água para ferver (perigos iminentes: fogo e queda do alto), abre uma garrafa de vinho (outros perigos iminentes: mexer com vidro e consumir bebida alcoólica) e põe a mesa do jantar. A continuação e o desfecho do filme por ora não importam, mas o que

---

[3] Evento anual de premiação publicitária realizado na França que conta com a participação de anunciantes e agências de todo o mundo.

assombra é a quantidade de atos nocivos a uma criança em apenas alguns segundos de filme publicitário.

Na tentativa de criar parâmetros éticos na propaganda e regulamentar a atividade, surgiu, em 5 de maio de 1980, o Conselho Nacional de Auto-Regulamentação Publicitária (Conar) como estímulo à conscientização social no que se refere às mensagens publicitárias. Em 2002, estimulada pela "onda ética" crescente em várias esferas da sociedade, a entidade veiculou campanha publicitária visando tornar conhecida sua missão. Importante ressaltar que o Conar é instrumento regulador quase desconhecido da população brasileira[4] e seu histórico aponta para o "uso" elitizado de suas funções, sendo mais aproveitado por anunciantes e agências que se manifestam contrariamente à atitude de outros anunciantes e agências que veiculam mensagens de maneira indevida. As manifestações populares em forma de representações encaminhadas ao Conar ainda são poucas, como é o caso de uma associação de educadores do interior de São Paulo que se manifestou contra a mensagem publicitária da rede de *fast-food* McDonald's, que será apresentado no capítulo "O papel social da propaganda".

Exemplos como os citados demonstram que, na esfera da responsabilidade social das empresas quanto à propaganda, é ainda muito grande o trabalho que têm pela frente anunciantes, agências de publicidade e consumidores — além também (por que eximi-lo?) do Estado e da sociedade civil organizada —

---

[4] Segundo a pesquisa A Imagem da Propaganda no Brasil, encomendada pela Associação Brasileira de Propaganda (ABP) em 2002, 79% dos entrevistados desconhecem a existência de um órgão regulador da propaganda e apenas 1% conhece o Conar.

para aumentar a conscientização social e estabelecer a ética na comunicação. Nota-se, atualmente, que a perda de clientes, a difamação, o pagamento de indenizações, entre outros fatores de prejuízo nos negócios, podem tornar-se os grandes estimuladores e precursores de uma mudança de atitude por parte das empresas no campo da responsabilidade social de suas mensagens publicitárias.[5]

As empresas tidas como éticas e responsáveis socialmente têm refletido sobre seus valores e conduta, incorporando-os e utilizando-os no relacionamento com os chamados *stakeholders* (funcionários, fornecedores de bens e serviços, comunidade, meio ambiente, acionistas e consumidores), na tentativa de alterar a forma de relacionamento com a sociedade. O avanço da gestão da responsabilidade social corporativa tem possibilitado a muitas organizações refletir sobre seu papel social e sua co-responsabilidade por um mundo melhor e sustentável, o que faz a propaganda repensar seu papel como agente social e econômico nesse contexto.

A "onda ética" tem avançado para diversos campos da atividade empresarial em razão do aumento da disponibilidade de ferramentas de gestão da responsabilidade social. Há grandes avanços nas áreas de recursos humanos, cadeia produtiva, relacionamento com comunidades do entorno e meio ambiente, porém, no campo da comunicação com consumidores, são sérios os conflitos entre o discurso e a prática das organizações.

Recente estudo encomendado pela Associação Brasileira de Propaganda (ABP)[6] ao Ibope e ao Instituto Retrato apontou con-

---

[5] Gino Giacomini Filho, *Consumidor versus propaganda* (São Paulo: Summus, 1991).
[6] *About*, nº 693, São Paulo, 16-9-2002, pp. 16-17.

clusões que refletem o grau de importância e influência que a propaganda exerce sobre as pessoas. Utilizando-se de amostragem qualitativa, foram entrevistadas pessoas de ambos os sexos, com idade entre 25 e 40 anos, pais de crianças e adolescentes que acessam com freqüência diversos meios de comunicação. O caráter da propaganda e a maneira como o público interage com ela foram os principais aspectos levantados pelo estudo da ABP intitulado A Imagem da Propaganda no Brasil. Características como evolução da linguagem, criatividade, inteligência e bom humor foram atribuídas à propaganda brasileira, assim como também houve menção ao excesso de apelo erótico.

Quanto ao papel social da propaganda em relação aos produtos que divulga, os pesquisadores atribuíram-lhe o estímulo à lembrança, o combate à concorrência acirrada, a reafirmação da existência do produto, o despertar da curiosidade e do desejo de experimentação.

Segundo os entrevistados, os principais atributos presentes na propaganda nacional são beleza de imagens (83%), inteligência (80%), qualidade da música (78%), humor (78%), emoção (77%) e informação (84%). Este último reforça a crença a respeito da relevância e do compromisso social da mensagem publicitária e, conseqüentemente, dos anunciantes.

A propaganda proporciona visibilidade para as empresas, com o propósito de influenciar suas vendas e sua *performance* no mercado. Entende-se que a propaganda deve ser coerente com a prática empresarial, sob pena de ficar desacreditada. Tal fenômeno deve ocorrer também quando a empresa diz praticar a responsabilidade social.

Partindo do princípio de que a propaganda é influenciadora de comportamentos, disseminadora de informação, expositora de valores e detentora de forte apelo estético que pode estimular modismos, este livro traz a análise de peças publicitárias de empresas anunciantes que se colocam na posição de organizações socialmente responsáveis perante a sociedade. Para tanto, optou-se pelo embasamento teórico e pela análise de documentos empresariais, postulados éticos e peças de propaganda veiculadas.

ÉTICA[1] E RESPONSABILIDADE SOCIAL CORPORATIVA

Aspectos da cultura empresarial – ética, valores e missão

Resgatar alguns conceitos e definições sobre gestão empresarial poderá auxiliar a compreensão da responsabilidade social da propaganda.

Na gestão empresarial moderna, o instrumento institucional denominado princípios empresariais representa a maneira de

---

[1] O termo *ética*, na ótica da moral especial ou social, que é sua aplicação à vida do homem na sociedade, goza de conceito consagrado que, na linguagem econômica e das organizações, significa o conjunto de regras de conduta de convívio entre pessoas e empresas. Sentido semelhante é atribuído à palavra latina *mos, moris*, da qual deriva do português *moral*. Uma discussão semântica poderia levar a matizes diferenciais, mas, em ambos os casos, pode-se entender *ética* como a ciência voltada para o estudo filosófico da ação e da conduta humana, considerada em conformidade ou não com a reta razão. A moralidade ou eticidade é determinada pelos atos humanos com base na consideração de seu objeto, as circunstâncias e a finalidade. Cf. Maria Cecília C. de Arruda et al., *Fundamentos de ética empresarial e econômica* (São Paulo: Atlas, 2001), pp. 41-43.

pensar e agir da empresa. Esses princípios estabelecem o posicionamento e o relacionamento da empresa com todas as partes que compõem seus ambientes internos e externos. É uma questão ampla e de múltiplas abrangências, que deve contemplar o "o quê", a proposta de atuação empresarial. Podemos entender os princípios empresariais como a base ou a sustentação da pirâmide empresarial, por definição a responsável pela filosofia global que estará presente em todas as áreas e programas de trabalho de uma organização.

A teoria que todo empresário tem a respeito de sua empresa não está no campo da intuição, mas na compreensão do negócio, tanto no aspecto relacionado ao lucro quanto na perspectiva de a organização resistir ao tempo, desenvolver-se e cumprir sua função social. Em administração de empresas, essa teoria recebeu o nome de "missão da empresa".

Nélio Arantes define *missão* da seguinte forma:

> A missão define a razão de ser da empresa e reflete os motivos pelos quais foi criada e é mantida. A definição de missão significa responder à pergunta "por que existimos?". Ela define como a empresa vê suas responsabilidades e sua contribuição no atendimento às necessidades sociais.[2]

A missão, assim como os propósitos (a maneira de pensar e agir da empresa, o posicionamento perante o mercado e os públicos de relacionamento) e os princípios (expressos como políticas da empresa que podem ser expostas pelo código de ética), são partes integrantes da filosofia empresarial.

---

[2] Nélio Arantes, *Sistemas de gestão empresarial* (São Paulo: Atlas, 1998), p. 109.

Independentemente dos objetivos dos empreendedores, os princípios empresariais devem seguir um planejamento empresarial único, alinhado às necessidades de funcionários, consumidores, meio ambiente e comunidades, sempre priorizando o relacionamento sustentável e duradouro da organização com seus diversos públicos de interação.

Se entendermos a ética e a responsabilidade social como princípios empresariais, ou seja, a filosofia da empresa, poderemos afirmar que a filosofia empresarial é de enorme utilidade prática. Ainda em Arantes[3] encontramos alguns aspectos que justificam essa utilidade prática:

- Instrumento de consciência — a promoção da consciência empresarial contribui para que todos saibam por que a empresa existe, a que deve dedicar-se e o que pensa em relação a seus produtos, serviços, clientes, funcionários, empreendedores.
- Instrumento para manter-se dentro das finalidades — muitas empresas, empenhadas na diversificação de seus negócios, investem em outras atividades empresariais sem preocupar-se com o impacto das mudanças nas operações atuais, o que poderá acarretar inúmeros problemas.
- Instrumento para assegurar o entendimento uniforme — o entendimento da missão, dos princípios e da filosofia empresarial por parte de todos os integrantes é importante balizador da direção a seguir.
- Instrumento para atrair, desenvolver e manter talentos — um profissional talentoso não quer apenas trabalhar para uma empresa, mas sim contribuir para o desenvolvimento

---

[3] *Ibid.*, pp. 116-120.

da sociedade. Isso leva os profissionais sérios e capacitados a escolher onde trabalhar a partir da análise das vantagens de se tornar colaboradores de determinada organização.

- Instrumento para assegurar o desenvolvimento e a continuidade — toda empresa que tem seus objetivos e filosofias bem definidos fica mais resistente às adversidades e apta a desenvolver e dar continuidade a seus negócios.

- Instrumento de comunicação — cada vez mais as empresas estão comunicando sua filosofia empresarial a seus clientes, fornecedores, governos e outros públicos com os quais se relacionam. Tornar pública a forma de pensar da empresa tem contribuído muito para agregar valor à imagem de marca.

Uma empresa que agrega a responsabilidade social à sua filosofia estabelece uma espécie de pacto com seus mais diversos públicos, principalmente o interno, seu maior representante.

Ética empresarial

No contexto ético empresarial, a contribuição de James Stoner[4] abrange a ética na administração de empresas e a divide em três níveis:

- Nível social da ética — papel, efeito e a própria presença da empresa na sociedade.

- Nível de *stakeholders* — pessoas que estão associadas direta ou indiretamente à organização (exceto os acionistas ou *stockholders*) ou que sofrem algum de seus efeitos (clientes, fornecedores, distribuidores, funcionários, ex-funcioná-

---

[4] James A. F. Stoner, *Management* (Upper Saddle River: Prentice Hall, 1992), pp. 95-124.

rios, comunidade), na medida em que são afetadas pelas decisões da empresa.
- Ética na política interna – relação da empresa com seus empregados.

Um quarto nível, não contemplado por Stoner, porém tão relevante quanto os demais e de grande pressão na busca por resultados financeiros, é a ética dos *stockholders*, ou a ética na relação entre empresa e acionistas, cujo princípio consiste na busca do rendimento acima de qualquer outro interesse.

A ética empresarial, portanto, é a disciplina ou o campo de conhecimento que trata da definição e da avaliação do comportamento de pessoas e organizações. O comportamento ideal é definido por meio de um código de conduta, ou código de ética, implícito ou explícito.

Os códigos de ética fazem parte do sistema de valores que orientam o comportamento de pessoas, grupos e organizações. A ética estabelece a conduta apropriada e as formas de promovê-la.

O *Guia de formulação e implantação de código de ética em empresas*[5] orienta quanto aos riscos e às oportunidades da adoção de um código de conduta empresarial. Os pontos de maior relevância nessa questão são:
- A adoção de um código de ética (CE) é uma oportunidade de aumentar a integração entre os funcionários. Em certas circunstâncias, um debate aberto, com a finalidade de obter tal formulação, pode ser muito útil para despertar a consciência das pessoas. (Há o risco de tais debates serem administrados e transformados em oportunidades: a empresa cria

---

[5] *Guia de formulação e implantação de código de ética em empresas* (São Paulo: Instituto Ethos, 2000), pp. 13-14.

automaticamente estímulos para a formulação de críticas internas à sua atuação.

- Um CE só pode ser adotado pelas pessoas da empresa se suas formulações forem eqüitativas na atribuição de responsabilidades. Assim, a toda responsabilidade atribuída aos funcionários deve corresponder a contrapartida, ou seja, uma responsabilidade por parte da direção da empresa. Um CE não deve ser considerado apenas mais um documento disciplinar ou de gestão de pessoal. Caso se considere importante a subscrição formal desse documento como condição de emprego, é preciso, em contrapartida, que a empresa assuma compromissos igualmente formais e coerentes com as exigências.
- É recomendável que um CE exprima sempre as idéias de forma clara e simples. Por exemplo: "Nesta empresa não pagamos nem recebemos propinas". Quanto mais complicada a formulação, mais sujeita fica a interpretações pessoais.
- Quanto maior a empresa e quanto mais complexa a cadeia produtiva na qual se insere, mais relevantes, do ponto de vista ético, são os relacionamentos com seus fornecedores. Há casos em que é importante levar o fornecedor a adotar pontos do CE como condição para a manutenção do fornecimento. Por exemplo: "Só trabalhamos com fornecedores que respeitam o meio ambiente" ou "Só trabalhamos com fornecedores que não exploram a mão-de-obra infantil".
- Determinados setores exercem atividades que apresentam risco de exploração direta ou indireta do trabalho escravo ou infantil. Nesse caso, recomenda-se que, no CE das empresas desses setores, conste uma proibição relacionada a esse aspecto.

Observa-se que o Guia Ethos não contempla, de forma abrangente e esclarecedora, a conduta ética das empresas no campo da comunicação. Isso faz supor que a complexidade da questão e o estágio de construção da prática no Brasil influem na compreensão do tema.

É certo que ética empresarial e responsabilidade social não são assuntos novos, porém ambos vêm ganhando importância nos últimos anos. Com o crescente aumento da complexidade dos negócios, a qual exige nova maneira de pensar e agir do empresariado, as disparidades sociais levam a repensar o desenvolvimento econômico, social e ambiental. A equação empresarial da atualidade é como potencializar o desenvolvimento dos negócios considerando sua intervenção no meio.[6]

Definir responsabilidade social sem considerar as diferenças sociais dos países é acreditar na possibilidade de estabelecer um pensamento corporativo mundial. Ao contrário do que se vê nos processos produtivos e parcialmente nos processos comunicacionais, num mundo em plena globalização, a responsabilidade social tem sido estudada e aplicada aos negócios considerando as particularidades de cada sociedade.

Também a responsabilidade social é aceita por alguns como obrigação legal, em que as leis ditam as regras. Para outros, ela é vista como uma superação das obrigações legais e assume um papel que extrapola a atuação passiva de empresas e cidadãos, ganhando características mais relevantes como o engajamento social e o desenvolvimento sustentável. Vê-se hoje que o assunto ganha cada vez mais espaço no território nacional e que muito dessa discussão é fruto de questionamentos e críticas

---

[6] Patricia A. Ashley (org.), *Ética e responsabilidade social nos negócios* (São Paulo: Saraiva, 2002), p. 3.

que as organizações privadas vêm recebendo nos últimos anos. À medida que os cidadãos vão adquirindo maior consciência de suas responsabilidades, também vão exigindo uma postura mais engajada das empresas.

Peter Drucker[7] ressalta que sucesso e responsabilidade social caminham juntos. As chances de a empresa ser bem-sucedida no mercado aumentam à medida que ela prioriza a atuação socialmente responsável e gere seus negócios considerando os interesses de seus diversos públicos de relacionamento (*stakeholders*).

Segundo consta no dicionário de ciências sociais, *responsabilidade social* é definida como a "responsabilidade daquele que é chamado a responder pelos seus atos face à sociedade ou à opinião pública [...] na medida em que tais atos assumam dimensões ou conseqüências sociais".[8]

Aspectos sociais brasileiros e as empresas

O desenvolvimento social é um dos tipos de mudança de maior interesse da sociologia, principalmente a partir da década de 1950, que, com a ampliação da industrialização no Brasil, tem como objeto de estudo as condições favoráveis ou desfavoráveis ao desenvolvimento social.

O interesse dos sociólogos pelo fenômeno do desenvolvimento nasceu das disparidades entre as sociedades modernas industrializadas e ricas e as sociedades tradicionais e pobres.

---

[7] Peter Drucker, apud Patricia A. Ashley (org.), *Ética e responsabilidade social nos negócios*, cit., p. 7.
[8] *Dicionário de Ciências Sociais Biroui*, 1976, p. 361, apud Patricia A. Ashley (org.), *Ética e responsabilidade social nos negócios*, cit., p. 6.

Segundo o estudo intitulado *Evolução recente das condições e das políticas sociais no Brasil*, publicado, em outubro de 2001, pelo Ministério do Planejamento, Orçamento e Gestão e desenvolvido pelo Instituto de Pesquisa Econômica Aplicada (Ipea) a partir das estatísticas do Instituto Brasileiro de Geografia e Estatística (IBGE), a era pós-real trouxe a modernização do Estado e criou mecanismos inovadores e eficientes de gestão pública, além de um extraordinário avanço nas condições sociais da população brasileira.

O estudo mostra que os indicadores sociais – principalmente nas áreas de saúde, educação e no que concerne à redução da pobreza — atingiram "patamares satisfatórios", mesmo havendo, por parte do governo, o reconhecimento de que há déficits sociais de grandes proporções. No entanto, há níveis ainda inaceitáveis de pobreza e de desigualdade, fruto, segundo o relatório, de um longo período de exclusões e injustiças insolúveis a curto prazo.

O mesmo relatório aponta a alta concentração de renda, principal obstáculo para a eliminação da pobreza no Brasil. Com o nível de renda *per capita* que o país atingiu a partir do fim dos anos 1970, a incidência de pobreza poderia ter sido reduzida a cerca de 10% (em vez dos 33% de hoje) se tivéssemos um padrão de concentração de renda semelhante à média mundial.

Parece-nos difícil a redução da desigualdade a curto prazo, principalmente quando se atribui ao Estado a total responsabilidade pela reversão do quadro social brasileiro.

O combate à pobreza depende do controle dos gastos e de uma evolução direta dos programas sociais dos governos federal, estadual e municipal. Diante das inúmeras turbulências econômicas ocorridas em 2002, decorrentes da especulação financeira que gerou aumento na cotação do dólar e das eleições presidenciais, o país reduziu o ritmo de investimento nas áreas sociais. Segundo dados do Ministério do Planejamento, Orçamento e Gestão, havia uma previsão de investir na área 598,4 bilhões de reais em 2000/2003, quadro que vinha apresentando evolução desde os anos 1990. Em razão dessas turbulências, muitos programas políticos para a área terão de aguardar as ações promovidas pela esfera governamental.

Outro ponto a considerar para a análise do desenvolvimento social é o Índice de Desenvolvimento Humano (IDH). Divulgado, em julho de 2002, pelo Programa das Nações Unidas para o Desenvolvimento (PNUD), o IDH de 172 países, referente ao ano de 2000, mostra que o índice do Brasil, que em 1999 atingira 0,750, subiu para 0,757 nesta última versão. O Brasil está entre os países de médio desenvolvimento humano e ganhou, desde o ano anterior, duas posições no *ranking* dos 173 países presentes no relatório, passando da 75ª para a 73ª posição.

Numa perspectiva de longo prazo, o relatório indica que o IDH brasileiro cresceu de 0,713 em 1990, para 0,757 em 2000, e que o Brasil galgou oito posições, passando do *rank* 66 em 1990 para o *rank* 58 em 2000.

Dos dez países do mundo com mais de 100 milhões de habitantes em 2000, o Brasil é o 4º colocado no *ranking*, superado apenas pelos Estados Unidos, pelo Japão e pela Federação Russa. Dos países com mais de 50 milhões de habitantes, o Brasil ocupa a 10ª posição.

O Ipea contesta os números utilizados pelo PNUD, alegando que o programa utiliza dados desatualizados sobre educação (taxa combinada de matrícula e taxa de alfabetização) e longevidade (esperança de vida ao nascer), o que deprime a colocação brasileira no *ranking*. Se as divergências dos dados, segundo o Ipea, fossem corrigidas, o Brasil ficaria na 70ª posição do *ranking* de 173 países com IDH de 0,769, e não 0,757 como mostra o estudo. De qualquer forma, o fato relevante não é a 75ª ou 70ª posição ocupada pelo Brasil, e sim o que o índice representa na análise do desenvolvimento social brasileiro e o retrato das desigualdades sociais e suas mazelas.

Outro fator que reflete as desigualdades sociais brasileiras e alguns traços culturais incidentes sobre a situação são as fraudes dentro das empresas, que, segundo o estudo, somam mais de 60 milhões de reais ao ano.[9]

Estudo realizado pelo doutor em perícia e investigação contábil pela Universidade de São Paulo (USP), Marcelo Alcides Carvalho Gomes, membro da Association of Certified Fraud Examiners, entidade internacional que congrega investigadores de crimes dentro de empresas, mostra que as fraudes nas organizações constituem a segunda maior fonte ilícita de dinheiro. Segundo o estudo, que investigou 1.511 empresas de todo o Brasil, a corrupção (56% dos casos) e a apropriação indébita (36% das ocorrências) são os métodos mais utilizados. As áreas de marketing e suprimentos são as que mais favorecem a corrupção, o que, segundo Gomes, estimula muitos a ceder por pressão de fornecedores e prestadores de serviços ou de maneira espontânea.

O subdesenvolvimento, outro fator que expõe as mazelas do país, também é fruto da desigualdade econômica, expressa pela má distribuição de renda. O próprio conceito de subdesenvolvi-

---

[9] Em *Diário do Grande ABC*, Economia, Santo André, 17-3-2002, p. 1.

mento expõe, no âmbito econômico, a existência da polarização dos setores modernos desenvolvidos ao lado de setores tradicionais atrasados.

O Brasil é um exemplo de polarização da sociedade. De um lado, compreende os setores modernos, industrializados e tipicamente urbanos e, de outro, os setores arcaicos, de economia com predominância agrícola e de estilo de vida tradicionalmente rural. A industrialização — incluindo a mecanização da agricultura — é condição primária para o desenvolvimento. Mas essa modernização tem assumido características tecnológicas que motivam grandemente a exclusão de parte da mão-de-obra, ou seja, geram o desemprego. Outro aspecto da desigualdade é a condição subumana de sobrevivência de muitos brasileiros residentes nos grandes centros urbanos e nos sertões do Norte e do Nordeste.

Em estudo divulgado, em 1998, pelo Banco Interamericano de Desenvolvimento (BID), a América Latina tem um dos piores índices de distribuição de renda do mundo. No Brasil, um dos destaques da desigualdade latino-americana, os 10% mais ricos detêm 50% da renda e os 50% mais pobres participam com menos de 12%.[10]

Para alguns cientistas sociais, nem a acumulação de capital, condição necessária para o desenvolvimento, nem a industrialização funcionam como fatores de desenvolvimento se não existirem atitudes e motivações coletivas propiciadoras desse processo. O chamado desenvolvimento sustentado, apoiado nos

---

[10] Francisco Paulo de Melo Neto & César Froes, *Responsabilidade social e cidadania empresarial: a administração do terceiro setor* (Rio de Janeiro: Qualitymark, 1999), p. 36.

pilares econômico, social e ambiental, tem sido apontado como a única saída para a evolução das nações e do planeta; nesse contexto, deve-se ressaltar o papel das organizações empresariais como fomentadoras, planejadoras e implementadoras de atitudes socialmente responsáveis em prol da continuidade da humanidade e da sustentação de suas atividades econômicas. Responsabilidade social corporativa, então, pode ser definida como o compromisso empresarial para o desenvolvimento da sociedade expresso por suas atitudes e valores.

De maneira ampla, as organizações devem contribuir para o desenvolvimento sustentável com obrigações de caráter moral, além das estabelecidas pelas diversas leis às quais elas estão submetidas, mesmo que não diretamente vinculadas às suas atividades. Numa visão ampla do papel das empresas, responsabilidade social é toda e qualquer ação que possa contribuir para a melhoria da qualidade de vida da sociedade.

Os chamados vetores da responsabilidade social, apresentados por Francisco Paulo de Melo Neto e César Froes,[11] reforçam o conceito de que uma empresa-cidadã é aquela que investe no bem-estar da comunidade em que se insere e na preservação do meio ambiente, sem desconsiderar a melhoria da qualidade de vida de seus funcionários. Além disso, dar retorno aos acionistas, assegurar sinergia com seus parceiros, garantir a satisfação de seus clientes e/ou consumidores e promover comunicações transparentes são componentes da gestão da responsabilidade corporativa em nossos dias.

Atualmente já é possível medir o grau de responsabilidade social corporativa. O Instituto Ethos de Empresas e Responsabi-

---

[11] *Ibid.*, p. 78.

lidade Social, entidade sem fins lucrativos cuja missão é disseminar o conceito e a prática da responsabilidade social corporativa, elaborou indicadores da gestão empresarial social, um conjunto de ferramentas de avaliação, a fim de contribuir para a tomada de decisões.

Os indicadores Ethos de responsabilidade social empresarial foram criados para que as organizações privadas trabalhem a gestão social de forma sistêmica e abrangente e que o assunto seja tratado como parte das estratégias de negócio e do sistema de planejamento. Além disso, os indicadores Ethos servem como instrumento de monitoramento para as empresas.

Outro instrumento de avaliação sugerido e orientado pelo Instituto Ethos é o Relatório Anual de Responsabilidade Social Empresarial. O relatório visa oferecer às empresas uma proposta de diálogo com os diferentes públicos envolvidos em seu negócio: funcionários, fornecedores, consumidores/clientes, comunidade, meio ambiente, governo, entidades e associações de classe e sociedade. Dessa forma, o relatório contribui para que as empresas avaliem aspectos básicos de desempenho econômico, social e ambiental.

Ainda outro instrumento de gerenciamento e reflexão sobre responsabilidade social é o Balanço Social — ou balanço da atuação social —, elaborado pelo Instituto Brasileiro de Análises Sociais e Econômicas (Ibase), fundado pelo sociólogo Herbert de Sousa, o Betinho, em 1981. O Balanço Social, assim como o Relatório Anual do Instituto Ethos, tem a finalidade de divulgar a atuação social empresarial.

No campo das certificações, as normas ISO14000 de meio ambiente e SA8000 de recursos humanos também são exemplos da evolução da avaliação da prática social empresarial. Recentemente foi lançado o primeiro padrão de garantia para atestar a credibilidade e a qualidade de informações públicas de empresas sobre seu desempenho social, ambiental e econômico. Batizada de AA1000 Assurance Standard, a certificação visa atender à crescente demanda de ativistas e do público, além de investidores e autoridades.

Um projeto de avaliação da responsabilidade social das empresas também está sendo desenvolvido pelo Instituto de Defesa do Consumidor (Idec) em parceria com a Consumetenbond, associação de consumidores da Holanda. A intenção, com o uso dessa metodologia, é promover o consumo consciente a partir da transparência das empresas. Em novembro de 2004, a Associação Brasileira de Normas Técnicas (ABNT) lançou a norma NBR16001, cujo objetivo é fornecer requisitos aos sistemas de gestão empresarial para a promoção do desenvolvimento sustentado.

O novo padrão deve ajudar a solucionar a crescente crise de confiança em empresas e organizações, fato demonstrado em pesquisas, como num recente levantamento conduzido pelo Instituto Mori, entidade que desenvolve estudos e pesquisas internacionais. Segundo a sondagem, 73% dos britânicos não acreditam que as empresas ajam de forma socialmente responsável. Outra pesquisa, realizada recentemente em 46 países para o Fórum Econômico Mundial, revelou que a confiança pública na comunidade corporativa está, hoje, atrás da depositada em outras instituições como a Organização Mundial do Comércio (OMC) e o Fundo Monetário Internacional (FMI).[12]

---

[12] Em *The Newswire of Corporate Social Responsibility*, Springfield, 25-3-2003, disponível em http://www.csrwire.com.

As ferramentas de avaliação e monitoramento disponíveis atualmente proporcionam incentivo às empresas que começam a dar importância para seu papel perante a sociedade e o seu desenvolvimento. Organizações bem administradas são importantes porque causam impacto sobre a qualidade de vida da sociedade como um todo.

A administração empresarial, hoje, deve orientar-se pela valorização e pela priorização dos seguintes pontos, segundo Melo Neto e Froes:[13]

- A tecnologia está mais acessível — a automação dos processos produtivos e administrativos provocou e provoca queda da oferta de emprego e maior velocidade na tomada de decisão.
- A ecologia e a qualidade de vida são preocupações constantes das organizações modernas. A legislação ficou mais rígida.
- A defesa do consumidor e a ênfase no cliente são objeto de atenção das empresas por questão de sobrevivência dos negócios.
- A redução da hierarquia, a partir dos anos 1980 (*downsizing* — enxugamento/diminuição de tamanho), gerou maior cobrança de capacitação profissional e contribuiu para a valorização dos seres humanos.

O impacto gerado pelas empresas na sociedade tem ganhado maior atenção das esferas sociais. Toda empresa instalada ou que pretende se instalar em certa localidade precisa considerar o impacto que o negócio terá sobre o aspecto econômico, o desenvolvimento humano, comunitário e social e o meio ambiente. A responsabilidade social das organizações e o compor-

---

[13] Francisco Paulo de Melo Neto & César Froes, *Responsabilidade social e cidadania empresarial: a administração do terceiro setor*, cit., p. 78.

tamento ético dos administradores estão entre as tendências mais importantes que influenciam a teoria e a prática da administração no século XXI.[14]

Importante ressaltar que há inúmeros riscos de perda do "capital" de responsabilidade social da empresa. Com a perda da credibilidade, por exemplo, sua imagem fica ameaçada. Esse fato, por si mesmo, poderia estimular a atitude ética empresarial.

Em abril de 2003 a empresa do setor de papel e celulose Cataguazes Celulose, sediada em Minas Gerais, contaminou os rios Pomba e Paraíba do Sul com o vazamento de 1,2 bilhão de litros de substâncias tóxicas, afetando a vida de mais de 1 milhão de pessoas em oito municípios dos estados do Rio de Janeiro e Espírito Santo. No dia 7 de abril de 2003, um dos sócios da empresa, Félix Santana, foi detido para responder a inquérito policial por desastre ambiental. A empresa não quis investir 400 mil reais em equipamentos de prevenção e as conseqüências do desastre já somam mais de 2 milhões de reais. Casos como o da empresa Cataguazes e outros citados neste livro são amostras dos riscos a que as imagens corporativas estão sujeitas.[15]

Em outra esfera, apresentando problemas de responsabilidade social interna, as empresas correm o risco de sofrer deterioração do clima organizacional, baixa da produtividade, perda de competências, surgimento de conflitos, além de outros prejuízos relacionados à ausência de estímulo dos empregados.

Quanto aos aspectos relacionados ao público externo, a responsabilidade social negligenciada pode causar efeitos negati-

---

[14] Philip Kotler, *Administração de marketing: a edição do novo milênio* (10ª ed. São Paulo: Pearson/Prentice Hall, 2000), p. 41.
[15] Disponível em http://www.cnn.com.br, acesso em 7-4-2003.

vos ainda maiores, como boicote de consumidores, perda de clientes, comprometimento da relação com fornecedores, ações judiciais e até o risco de falência. A busca do respeito apresenta-se como uma das principais metas das empresas neste século, no mínimo motivada por uma questão de sobrevivência e maior competitividade.

Não há como negar que a propaganda sem responsabilidade e ética poderá protagonizar perdas irreparáveis aos negócios e, principalmente, à sociedade.

Responsabilidade social e gestão empresarial – aspectos da empresa-cidadã[16]

Responsabilidade social empresarial e campanhas de mudança social não são assuntos novos. Na Grécia e na Roma antiga foram lançadas campanhas para libertar os escravos, e na Inglaterra, durante a Revolução Industrial, houve campanhas para abolir as prisões por dívidas, estender o direito ao voto às mulheres e acabar com o trabalho infantil.

Nos Estados Unidos do início do século XX, o propósito das corporações era auferir lucros para os acionistas. Os anos 1960 foram marcados pelo movimento dos direitos civis nos Estados Unidos e pelas manifestações pioneiras de políticas de ação afirmativa, sobretudo no que se refere à integração racial, como o *busing* (acesso de negros ao transporte escolar), no período do governo Kennedy, as leis dos direitos civis de 1964 e 1965, as

---

[16] A cidadania empresarial é um conceito novo que vem sendo internalizado por diversas empresas. A empresa-cidadã é aquela comprometida com a promoção da cidadania e o desenvolvimento da comunidade como seus diferenciais competitivos.

manifestações pela paz a partir de 1967 e as primeiras ações de defesa dos direitos dos consumidores lideradas por Ralph Nader.

Na Europa, exemplos como esses somaram-se às manifestações de maio de 1968 na França e ao surgimento dos "verdes" como movimento político de expressão, inaugurando uma nova era de responsabilidade coletiva.

A partir de meados dos anos 1970, o novo cenário foi revigorado pelos dois choques do petróleo (1973 e 1979), pelo choque dos juros internacionais de 1982, pelo esgotamento da capacidade dos governos de financiar políticas públicas como faziam até então, mais uma crise de valores temperada pelo repúdio popular, sobretudo nos Estados Unidos, às empresas que se beneficiavam com a guerra do Vietnã. Muitas empresas procederam, então, aos ajustes estruturais necessários para a sobrevivência no novo ambiente de negócios, e, assim, instalou-se uma maior consciência das conseqüências da atividade produtiva.

Daí para a frente, novas ferramentas, em pleno processo de aperfeiçoamento, foram introduzidas no dia-a-dia das empresas, com a finalidade de ressaltar a importância da função social ao lado da função econômica. Um marco nesse conjunto de instrumentos é o balanço social, adotado inicialmente na França, em 1977, de forma obrigatória para as empresas com mais de 700 empregados e, mais tarde, para as empresas com mais de 350 empregados.

Em relação aos tempos de pioneirismo da cidadania empresarial, alguns avanços foram registrados e poderão marcar um período de novas conquistas ainda mais incisivas. A iniciativa de empresas em atividades econômicas rentáveis de preservação ambiental, o desenvolvimento do terceiro setor, a assimilação política dos verdes, a institucionalização do movimento de defesa dos direitos dos consumidores, do consumo consciente e do comércio justo são alguns exemplos desses avanços.

Quanto ao mais, os desafios cresceram tanto que outras conquistas se tornaram questão de sobrevivência. Diante do agravamento das disparidades sociais e da dramaticidade que o risco ambiental atingiu — casos do esgotamento de recursos naturais como a água, do aquecimento global, dos danos à biodiversidade e à camada de ozônio —, menos do que já foi feito é inaceitável.

Considerado por muitos como um dos pioneiros da responsabilidade social corporativa, Henry Ford, em 1916, contrariando a maioria dos acionistas, dividiu parte dos dividendos da empresa para seus funcionários por meio de aumento de salários. Muito provavelmente a atitude do inesquecível Henry Ford impulsionou a mudança do comportamento empresarial quanto ao seu papel social. À medida que o tempo foi passando, uma nova cultura empresarial foi-se instalando até que, em 1953, a justiça americana determinou que as corporações poderiam promover o desenvolvimento social, o que ficou estabelecido pela Lei da Filantropia Corporativa. A justiça precisou interferir nessa questão em razão dos protestos de muitos acionistas que temiam diminuir seus ganhos à custa da boa ação de alguns executivos que comandavam grandes empresas.

Somente no final da década de 1960 os países europeus aderiram ao novo modelo empresarial, e no Brasil há registros mais completos sobre responsabilidade social corporativa a partir da década de 1970. Portanto, a importância da responsabilidade social empresarial não começou a ser discutida tampouco praticada somente no início do novo milênio.

Em nossos dias, a atuação social das empresas tem-se concentrado nas áreas de saúde, educação, meio ambiente e economia, as quais requerem maior atenção em nosso país, e vem-se firmando como um grande empenho empresarial representado por instituições e fundações mantidas pela iniciativa privada.

No mundo há homens e mulheres no comando de organizações que enxergam com a clareza própria dos líderes e aplicam os princípios éticos corporativos visando a promoção de um comportamento social responsável. É indiscutível a existência da relação "ação *versus* reação" entre o comportamento social responsável e a *performance* econômica da empresa. A diferença entre passado e presente está na capacidade de a empresa remover as barreiras que a impedem de atender às necessidades sociais das comunidades interna e externa de forma estratégica.

Ética e responsabilidade social já não são facultativas, mas sim obrigações empresariais, assim como recolher tributos e pagar salários. Muito em breve a gestão da responsabilidade social, numa visão estratégica das empresas, também será obrigatória, tendo em vista a crescente capacidade de o consumidor analisar as atitudes empresariais e decidir comprar de empresas que somam à sua atividade um envolvimento incondicional com a sociedade. Com isso, chegou a vez de os executivos das áreas de comunicação empresarial, relações públicas, marketing e assuntos corporativos adotarem ações e programas eficientes e contínuos que objetivem a criação da diferenciação das marcas diante dos competidores menos responsáveis socialmente.

Durante muito tempo, ética e empresa foram mantidas separadas como se nada tivessem em comum. Felizmente, isso está mudando e é a sociedade brasileira que ganha.

Desde o ano 2000, o Instituto Ethos e a empresa Indicator Pesquisa de Mercado desenvolvem a pesquisa *Responsabilidade social das empresas: percepção do consumidor brasileiro*,[17] versão brasileira da pesquisa Corporate Social Responsibility: Global Opinion on the Changing Role of Companies, cujos objetivos são detectar como os consumidores percebem a responsabilidade social das empresas, as expectativas que têm em relação a esse aspecto e como ela repercute em suas atitudes e comportamentos. Apresentamos a seguir alguns resultados que julgamos relevantes.

O PAPEL DAS GRANDES EMPRESAS

Questionados sobre o papel das grandes empresas na sociedade, os entrevistados deram as seguintes respostas:

Respostas	2000	2001	2002
"Concentrar-se em gerar lucro, pagando os impostos e gerando empregos, cumprindo todas as leis."	41%	31%	34%
"Ter um padrão de comportamento entre estes dois diferentes pontos de vista."	19%	31%	22%
"Fazer tudo isto [gerar lucro, pagar impostos, gerar emprego, cumprir leis] de forma a estabelecer padrões éticos mais elevados, indo além do que é determinado pela lei, ajudando ativamente a construir uma sociedade melhor para todos."	35%	35%	39%

Fonte: Instituto Ethos.

---

[17] Metodologia e amostragem: 1.002 entrevistas pessoais e domiciliares, com pessoas entre 18 e 74 anos, divididas por cotas de sexo, idade, ocupação e escolaridade, segundo dados da Pesquisa Nacional por Amostra de Domicílios (Pnad) do IBGE.

Houve considerável inversão de percepção quanto ao papel das grandes empresas. Se, por um lado, em 2000 o mais importante para os entrevistados era "gerar lucro", em 2002 o estabelecimento de padrões éticos e a contribuição empresarial para a construção de uma sociedade melhor assumiram nova posição. Boa parte dessa mudança deve-se aos esforços empreendidos por empresas e organizações não-governamentais (ONGs) que visam a disseminação da responsabilidade social das empresas.

Outro ponto relevante da pesquisa é o grau de capacidade do consumidor brasileiro em prestigiar ou punir as empresas dependendo de sua atuação. Inquiridos sobre sua atitude perante as empresas responsáveis, os entrevistados afirmaram:

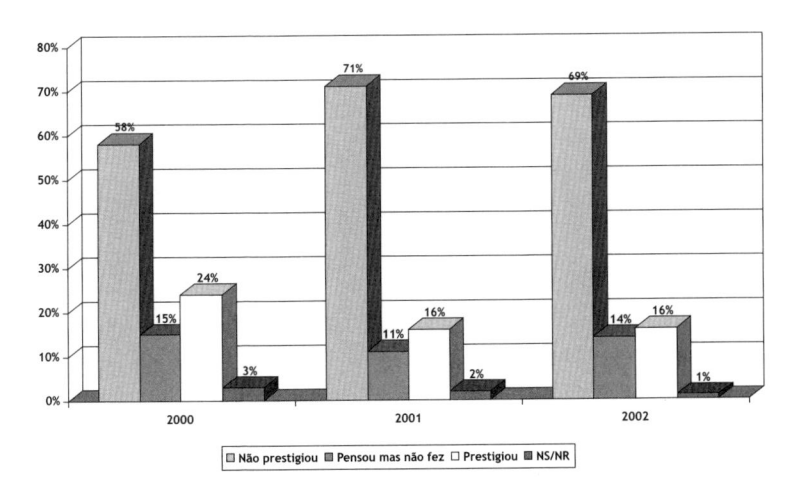

GRÁFICO 1. ATITUDE DO CONSUMIDOR PERANTE AS EMPRESAS RESPONSÁVEIS
Fonte: Instituto Ethos.

De acordo com o resultado, há um contraponto relevante comparativamente às opiniões quanto ao papel das grandes empresas. Se, por um lado, o consumidor tem exigido mais participação social, por outro, há certa passividade, uma baixa resposta quanto à atuação das empresas.

Outro ponto que contribui para melhor compreensão da atuação do consumidor diante da responsabilidade social é sua percepção sobre as empresas não-responsáveis socialmente, resultado que também demonstra a passividade do consumidor brasileiro, conforme apresentado no gráfico a seguir:

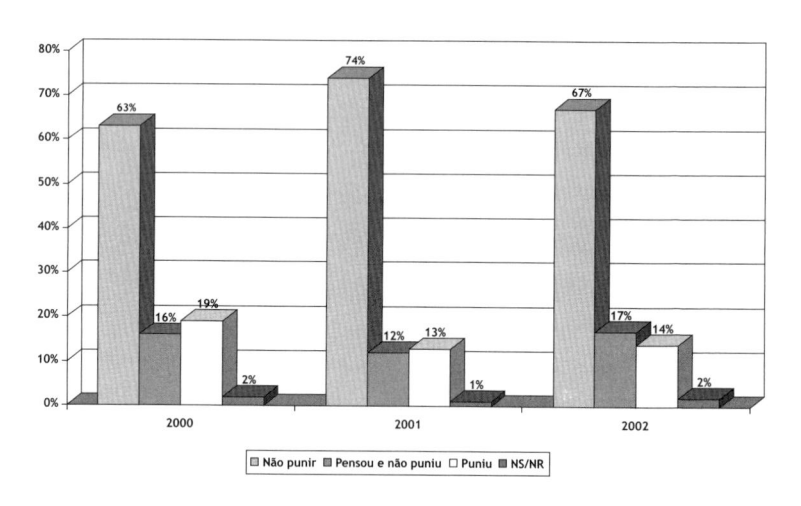

Ano	Não punir	Pensou e não puniu	Puniu	NS/NR
2000	63%	16%	19%	2%
2001	74%	12%	13%	1%
2002	67%	17%	14%	2%

GRÁFICO 2. COMPORTAMENTO DO CONSUMIDOR VERSUS EMPRESAS NÃO-RESPONSÁVEIS
Fonte: Instituto Ethos.

Outros aspectos importantes a ressaltar são os três principais estímulos de compra e os quatro principais estímulos para não comprar produtos ou usar serviços, segundo os consumidores entrevistados na pesquisa Ethos/Indicator, realizada num período de três anos. Quanto aos principais motivos de compra, o destaque foi a contratação de deficientes físicos, conforme os dados apresentados a seguir:

2000
- Contratar deficientes físicos — 46%
- Colaborar com escolas, postos de saúde e entidades sociais — 43%
- Manter programas de alfabetização para funcionários e familiares — 32%

2001
- Contratar deficientes físicos — 43%
- Colaborar com escolas, postos de saúde e entidades sociais — 42%
- Manter programas de alfabetização para funcionários e familiares — 28%
- Manter programas de aprendizagem para jovens de 14 a 16 anos — 28%
- Manter um excelente serviço de atendimento ao consumidor — 28%

2002
- Colaborar com escolas, postos de saúde e entidades sociais — 44%
- Contratar deficientes físicos — 42%
- Manter programas de alfabetização para funcionários e familiares — 29%

Em relação aos motivos para não comprar, o destaque ficou para a veiculação da propaganda enganosa:

2000
- Veicular propaganda enganosa — 49%
- Causar danos físicos ou morais aos seus funcionários — 43%
- Colaborar com políticos corruptos — 42%
- Vender produtos nocivos à saúde dos consumidores — 32%
- Colocar mulheres, crianças e idosos em situações constrangedoras em propagandas — 32%

2001
- Veicular propaganda enganosa — 54%
- Causar danos físicos ou morais aos seus trabalhadores — 40%
- Vender produtos nocivos à saúde dos consumidores — 40%
- Colaborar com políticos corruptos — 35%
- Colocar mulheres, crianças e idosos em situações constrangedoras em propagandas — 29%

2002
- Veicular propaganda enganosa — 43%
- Causar danos físicos ou morais aos seus trabalhadores — 39%
- Vender produtos nocivos à saúde dos consumidores — 36%
- Poluir o meio ambiente — 33%

Segundo Adalberto Pasqualotto, caracteriza-se propaganda enganosa aquela que for "(1) inteira ou parcialmente falsa ou quando for, (2) por qualquer outro modo, mesmo por omissão, capaz de induzir em erro o consumidor".[18] Os percentuais, bastante expressivos, mostram a capacidade de o consumidor assumir uma postura crítica diante da propaganda.

Todos os aspectos apresentados pelas pesquisas estão relacionados à conduta ética das empresas. Se a necessidade de estabelecer padrões éticos nas organizações for ignorada, inclusive motivada pela percepção de que o consumidor brasileiro ainda não se deu conta de sua real importância, provavelmente o grande desafio será encontrar uma forma de diminuir os impactos negativos que as ações imediatas e pontuais carregam em si.

O que nos parece é que estamos vivendo um período de turbulência, que traz grande carga de desconfiança de tudo e de todos. Nesse cenário, destaca-se o papel das empresas questionadas sobre seus atos, os quais apresentam certa dose de maleabilidade ética. E, em razão desse questionamento, as organizações vêm procurando respostas, implementando ações de interesse público.

Pensar que as organizações empresariais estão longe da necessidade de balancear suas responsabilidades econômicas, sociais e ambientais é fechar os olhos para uma realidade nua e crua, e a contribuição econômica da empresa, por si só, já não é suficiente. Nenhuma organização empresarial estará realizando plenamente seu papel se não considerar que é um organismo vivo e que, como tal, exerce impactos dos mais diversos, nas diferentes esferas com as quais se relaciona.

---

[18] Adalberto Pasqualotto, *Os efeitos obrigacionais da publicidade no Código de Defesa do Consumidor* (São Paulo: Revista dos Tribunais, 1997), p. 118.

Dados divulgados na *IV Pesquisa nacional sobre responsabilidade social nas empresas*, em 2003, estudo organizado pelo Instituto ADVB de Responsabilidade Social (Iris),[19] que detectou aspectos da cidadania corporativa em 2.030 empresas de todo o Brasil, revelam que 98% das empresas entrevistadas têm a responsabilidade social como uma estratégia de suas decisões. Investiram, juntas, mais de 300 milhões de reais em seus projetos, nem sempre percebidos pela sociedade ou consumidores e clientes, pois apenas 68% dessas empresas fazem algum tipo de divulgação de suas ações sociais, a maioria apenas internamente.

Hazel Henderson, consultora internacional que há quarenta anos estuda e implementa ações de desenvolvimento sustentável em vários países, acredita que os novos valores de responsabilidade social serão incorporados por empresas e pelos veículos de comunicação. Segundo a autora, "os anunciantes favorecem programas de baixa qualidade, que apostam na violência e no mais degradante sensacionalismo", e "os quinhentos maiores anunciantes norte-americanos estão distantes do perfil de empresas limpas, verdes e mais éticas".[20]

Henderson acredita que o desenvolvimento sustentável – conciliação entre desenvolvimento econômico e social – significa uma transição ordenada da industrialização primitiva e antiga (que consome energia e fontes naturais em função de seu modelo pouco elaborado) para formas de produção ricas em informação, que utilizam energia e materiais com maior efi-

---

[19] O Instituto Iris de Responsabilidade Social é mantido pela Associação dos Dirigentes de Vendas e Marketing do Brasil, entidade empresarial fundada em 1956 e sediada na cidade de São Paulo.
[20] Hazel Henderson, entrevista concedida ao jornal *Meio & Mensagem*, São Paulo, 27-1-2003, p. 6.

ciência e promovem a participação da sociedade, o que certamente exigirá conduta mais ética no campo da comunicação.

Também Melo Neto e Froes[21] apontam para uma nova ordem social em decorrência da falência do Estado (o chamado primeiro setor), principal provedor de serviços sociais aos cidadãos. Com a redução do papel do Estado — ao qual ainda compete a universalização dos serviços públicos —, surgem a sinergia da sociedade civil organizada (terceiro setor) e o maior poder atribuído às empresas (segundo setor), o que lhes confere maior responsabilidade sobre as questões sociais, e, dessa forma, fica clara a necessidade de nova correlação de forças entre os três pilares de sustentação das sociedades.

O engajamento social corporativo também pode ser analisado de outro ângulo, além do patrocínio de programas destinados a comunidades carentes ou minorias que sofrem algum tipo de preconceito. Também é pela comunicação praticada que a empresa intercede na sociedade e estimula (ou não) o exercício da cidadania.

Não se pode permitir que os atos das empresas — tanto de cunho comercial como institucional — estejam desvinculados de seus discursos e vice-versa. Há que encontrar formas de equilibrar o ideal ético com a realidade do dia-a-dia das organizações. Comportar-se eticamente em função apenas de uma conduta imposta por algo externo, de fora da organização, é negar que a ética seja necessária para incentivar e estimular pessoas a exercer sua própria cidadania. Ao contrário disso, sabe-se que modelos de ética empresarial protagonizados pelas empresas

---

[21] Francisco Paulo de Melo Neto & César Froes, *Responsabilidade social e cidadania empresarial: a administração do terceiro setor*, cit.

coerentes nessa questão estimulam muito mais pessoas. Acreditar que a conduta ética de cada cidadão é um espelho para toda a sociedade é acreditar que cada um é capaz de contribuir para a tão necessária transformação social.

Georges Enderle, presidente da International Society of Business, Economics and Ethics (ISBEE), em discurso em Xangai, China, em janeiro de 2001, faz afirmação contundente quanto ao papel das organizações num mundo globalizado:

> Se a empresa for concebida como uma organização puramente econômica ou, ainda mais estritamente, como um mecanismo de maximização do lucro, tudo o mais, como o cumprimento da lei, o respeito à dignidade dos empregados e a proteção ambiental, são apenas meios de atingir a meta estritamente definida. A orientação ética pode vir apenas "do lado de fora" (mediante pressão social, regulamentações etc.), e tão logo os meios não mais conduzirem a essa meta, devem ser eliminados.[22]

Ética, portanto, deve ser entendida como princípio, e não como meio. Por serem organismos vivos e por exercerem impactos econômicos, sociais e ambientais, as empresas precisam orientar-se pela negociação de responsabilidades, importando-se não só com seu papel na sociedade, como também estimulando outros organismos que fazem parte dessa mesma sociedade.

O fortalecimento do movimento pela ética, presenciado pelo mundo corporativo e pela sociedade brasileira nos últimos anos, ainda representa um desafio a enfrentar. As inúmeras iniciati-

---

[22] Disponível em http://www.conferences.unimelb.edu.au/ISBEECongress/speakers.htm#Enderle.

vas de estudos patrocinados e coordenados pelo meio acadêmico para a criação de entidades sem fins lucrativos que tenham, como principal objetivo, a disseminação da ética, os fóruns de discussões formados por todo o país e, principalmente, a atuação social das empresas são fatores positivos que refletem a mudança de comportamento. Porém, ressalte-se que, no campo do marketing e da propaganda, essa reflexão sobre ética e responsabilidade social encontra-se num patamar aquém do desejado quando comparado ao do incremento dado a outras ferramentas de gestão corporativa.

Responsabilidade social e orientação de marketing

Em tempos de ampliação da responsabilidade social, até mesmo a máxima do marketing "o cliente sempre tem razão" está sendo ameaçada ou, no mínimo, questionada. É papel de uma empresa produzir com qualidade e competência em concordância com as necessidades sociais que lhe são impostas, independentemente daquilo que os consumidores desejam, que nem sempre promove o desenvolvimento sustentável ou a qualidade de vida. É a responsabilidade social sendo incorporada pelo marketing com o propósito de eliminar as práticas econômicas imediatistas e as atitudes interesseiras desse tipo de relação com o mercado.

Está se estabelecendo uma nova prática empresarial no Brasil que vai muito além do desenvolvimento econômico. Após um longo período, empresários estão descobrindo que o desenvolvimento social reflete diretamente no resultado financeiro da organização. Nos países desenvolvidos, a economia orientada pelo social é questão de sobrevivência, enquanto no Brasil ainda é um diferencial competitivo. Antes de adotar o marketing de orientação social como estratégia de gestão, é necessário que a empresa pratique a ética em todos os níveis e aspectos e seja responsável socialmente. Não adianta adotar uma política social para o público externo antes de adotá-la para o público interno, por exemplo. É necessário compreender que a atuação socialmente responsável não deve ser apenas uma estratégia mercadológica, mas também um instrumento de transformação social.

Segundo Kotler,[23] as empresas orientam-se para o mercado de acordo com sua filosofia baseada na eficiência e na efetivação e podem optar, geralmente, por orientar-se pela produção, pelo produto, pelas vendas, pelo marketing ou pelo marketing societal. Parece-nos que a competitividade e a tendência a *commodities* impulsionam as empresas a aglutinar todas as orientações e a dar maior peso ao marketing societal, visto que essa é uma orientação ainda em desenvolvimento e, portanto, um diferencial competitivo.

À guisa de lembrança, ressaltamos que a orientação de produção é aquela que sustenta que os consumidores preferem produtos fáceis de encontrar e com baixo custo. A orientação para o produto baseia-se na preferência que os consumidores dão à qualidade, ao desempenho superior e às características inovadoras. Pôr em foco as ações de vendas e promoção é a linha mestra da orientação de vendas, enquanto a orientação de marketing se baseia no valor oferecido ao consumidor quanto a sua criação, entrega e comunicação.

---

[23] Philip Kotler, *Administração de marketing: a edição do novo milênio*, cit., p. 38.

Marketing societal — ou marketing responsável —, como opção de orientação das empresas, baseia-se nas transformações sociais e nas necessidades dos povos, para reafirmar que uma empresa isoladamente e sem controle de sua intervenção jamais poderá produzir valores, sejam eles econômicos, sejam sociais. Kotler afirma que:

> A orientação de marketing societal sustenta que a tarefa da organização é determinar as necessidades, os desejos e os interesses dos mercados-alvo e fornecer as satisfações desejadas mais eficaz e eficientemente do que a concorrência, de uma maneira que preserve ou melhore o bem-estar do consumidor e da sociedade.[24]

Com tal afirmação, Kotler evidencia que as empresas devem levar em consideração a melhoria da qualidade de vida dos membros da sociedade, considerando que os consumidores são membros dessa sociedade, assim como o meio ambiente é impactado diretamente por suas atitudes. As questões éticas devem, então, habitar as práticas mercadológicas das quais depende essencialmente a sustentação dos negócios.

Contudo, o conceito de *marketing societal*, definido por Kotler, deve ser ampliado para maior compreensão da responsabilidade social, a fim de ganhar o campo da cidadania corporativa, algo que vai muito além de uma técnica de marketing.

Exemplos bem-sucedidos de empresas orientadas pelo interesse social mostram quanto é possível promover o desenvolvimento econômico pautando-se pelo desenvolvimento social e ambiental.

---

[24] *Ibid.*, p. 47.

A marca inglesa de cosméticos The Body Shop, rede de lojas de cosméticos globalizada — com franquias —, fundada em 1976, é uma empresa que fabrica seus produtos à base de ingredientes naturais, originários de países em desenvolvimento, e os vende acondicionados em embalagens recicláveis. A empresa, como qualquer outro negócio, enfrenta concorrentes e tem queda nas vendas quando há instabilidades no mercado. Porém, ela age de modo diferente quando acrescenta à sua gestão empresarial uma boa dose de orientação para o desenvolvimento sustentável, utilizando produtos que não maltratem animais em testes dolorosos, não agridam o meio ambiente, ajudem a preservar a Floresta Amazônica e a sustentar os índios brasileiros, entre outras regras.

Na década de 1970, quando iniciou suas atividades, a empresa desafiou o setor de cosméticos no campo da publicidade. Naquela época, vendiam-se muito mais produtos do que as pessoas precisavam e fazia-se apologia dos produtos como se tivessem a capacidade de esconder as marcas que o tempo e a vida deixavam no rosto das mulheres. Contrariando a forma tradicional do setor, a empresa The Body Shop passou a fazer publicidade simples, com desenhos modestos, dirigindo-se diretamente para a comunidade onde atuava, o que se tornou um passo fundamental para estabelecer o diálogo com os *stakeholders*. A publicidade dessa empresa apenas reflete o que ela realmente é.[25]

A Natura, outra indústria de cosméticos bem-sucedida, optou por investir na biodiversidade como foco de suas ações. Em entrevista à revista *Exame*, o presidente executivo da Natura, Guilherme Leal, expôs os princípios empresariais e a filosofia

---

[25] "Corpo e alma", em *HSM Management*, São Paulo, 16-9-1999.

de uma das maiores empresas brasileiras de cosméticos. "Quando olhamos em volta e vemos os indicadores ambientais, percebemos que o modelo atual de relação com o meio ambiente está perto do fim",[26] diz Leal. Duas das crenças da empresa são o encadeamento das relações e a biodiversidade que se transformou em plataforma tecnológica. Dessa forma, a Natura tem investido perto de 3 milhões de reais com o objetivo de promover o desenvolvimento sustentável, tendo o diálogo e a transparência de valores como princípios.

No entanto, engana-se aquele que acredita que a equação "discurso *versus* prática" das empresas esteja perto de ser resolvida. Uma das maiores organizações mundiais da área alimentícia, a Nestlé, vem buscando aprimorar seu relacionamento com consumidores e comunidades. Com investimentos anuais de 12 milhões de reais em relacionamento com o mercado, a Nestlé procura estabelecer comunicação direta, personalizada e efetiva com seus consumidores. A outra face da responsabilidade social da empresa é a participação na comunidade e o desenvolvimento social. Há décadas a Nestlé investe em programas nas áreas de educação, saúde e cultura. Mas nem sempre ela foi exemplo de boa cidadania corporativa.

Nas décadas de 1970 e 1980, a empresa suíça sofreu boicote à sua estratégia mercadológica de reforçar a importância do leite artificial, desenvolvido e lançado por ela em 1867, como opção de alimentação aos bebês prematuros. Na década de 1920, o leite artificial havia conquistado o rótulo de produto alternativo à amamentação materna, o que, mais tarde, na década de

---

[26] Em *Exame*, São Paulo, 2001, pp. 68-69.

1970, se transformou em grande problema de imagem corporativa para a organização.

Atribuíram às estratégias de marketing o mau uso do leite artificial da Nestlé, marketing que pode ter contribuído para a desnutrição de milhares de bebês de países subdesenvolvidos. Mães de baixa renda acreditaram que o leite artificial era rico em vitaminas e que, em razão de ser usado por mães de classes sociais de maior poder aquisitivo, o produto poderia ser melhor que o leite materno. Também as ações promocionais e de orientação desenvolvidas com médicos, agentes de saúde e enfermeiras conferiram ao produto um alto grau de credibilidade e aceitação por mães de todo o mundo.

As críticas aos métodos de marketing adotados pela Nestlé eram as seguintes:

- A alimentação com mamadeira contribui para a mortalidade infantil nos países subdesenvolvidos.
- Os folhetos não estimulam a amamentação materna e diminuem a sua importância.
- A publicidade mostra o aleitamento materno como se fosse primitivo e inconveniente.
- Os presentes e as amostras grátis induzem diretamente à amamentação com mamadeira.
- Os cartazes e os panfletos nos hospitais e as "enfermeiras do leite" eram considerados fatores de manipulação.
- Os leites artificiais são demasiadamente caros para muitos consumidores, o que estimula a diluição do produto de maneira inadequada.

Defendendo-se com argumentos, a organização procurou de inúmeras formas reverter a situação. Porém, o prejuízo à imagem corporativa a partir de sua atuação mercadológica sem atenção ao social foi muito maior do que se podia imaginar. Exagerou a Nestlé, portanto, em sua política de relacionamento com o cliente ao interferir na natureza humana, supondo que seria capaz de substituir de maneira igualmente importante o aleitamento materno.

Na criação de outro produto, o creme de leite, a empresa também desenvolveu uma utilização específica. Hoje, inúmeras receitas culinárias têm o produto como ingrediente.

Aprendendo com os consumidores, a partir de sua política e ferramentas de comunicação, a Nestlé multiplicou o potencial inicialmente previsto. Não se pretende aqui apontar nenhum tipo de prejuízo quiçá provocado pelo creme de leite Nestlé, mas cabe questionar até que ponto as estratégias mercadológicas da empresa para seus produtos estão beneficiando ou influenciando negativamente a vida dos consumidores.

Que ponto, então, toda e qualquer empresa deveria estabelecer como sua razão de existir ou seu maior bem a preservar? A imagem corporativa, sem dúvida, é tida como um dos maiores patrimônios empresariais dos séculos XX e XXI, superando, em termos numéricos, todos os bens e equipamentos.

Paulo Roberto Ache, professor de graduação, em artigo publicado na revista *About*,[27] faz análise a respeito do valor das marcas.

Segundo Ache, as empresas preocuparam-se durante muitas décadas com os valores de seus ativos tangíveis sem considerar os chamados ativos intangíveis – pessoas, conhecimento adquirido, imagem corporativa, tecnologia acumulada e marca. Des-

---

[27] Paulo Roberto Ache, "O valor da marca", em *About*, nº 688, São Paulo, 12-8-2002.

prezar a marca é desprezar sua importância e força de persuasão. É por meio da marca que uma empresa estabelece diálogo com o consumidor e nela devem estar contidos inúmeros valores, algo inerente à comunicação simbólica.

Recente estudo publicado pelo Interbrand Group, empresa inglesa especializada na análise e na administração de marcas, comprova a importância que as empresas vêm dando ao valor das marcas. Como exemplo, citamos as três marcas mais valiosas do mundo em 2002 (em bilhões de dólares): Coca-Cola (69,637), Microsoft (64,091) e IBM (51,188).[28]

O Interbrand Group considera, para efeito de avaliação do valor monetário das marcas, sete fatores:

- Liderança ou *market share* relevante: a geração de valor está atrelada à participação de mercado.
- Estabilidade: investimentos em marketing, tempo de mercado e grau de fidelidade do consumidor.
- Mercado: marcas localizadas em mercados estáveis têm maior chance de adquirir valor diferenciado.
- Globalização: o alcance geográfico confere maiores chances de a marca adquirir valor.
- Atualização: capacidade de ajustar-se ao tempo e às variações conjunturais.
- Suporte: qualidade da estrutura operacional e de marketing.
- Proteção legal: proteção e patentes adquiridas.

Surpreende o fato de que a empresa responsável pelo estudo não incluiu em sua metodologia a percepção pública em relação à conduta ética e ao engajamento social das empresas, algo que nos parece inevitável no século XXI. O fato mais

---

[28] Em *About*, nº 688, São Paulo, valores de julho de 2002.

preocupante é constatar que a avaliação do valor da marca desconsidera que todos os sete fatores possam estar carregados de elementos relacionados à responsabilidade social das empresas e tudo o que diga respeito à sua boa ou má gestão.

Há indícios bastante fortes de que o valor da marca ganhará, em sua metodologia, um novo componente de análise. Para o mercado financeiro, principalmente nos Estados Unidos e na Europa, e mais recentemente no Brasil, o interesse por investimentos socialmente responsáveis está crescendo 30% ao ano, segundo Christopher Wells, analista de responsabilidade social do Unibanco.[29] O perfil das companhias brasileiras no âmbito social tem sido objeto de análise e de decisão de investidores estrangeiros interessados em negócios com empresas brasileiras. Outra instituição a investir na *performance* social corporativa foi o ABN Amro Bank, criando o fundo Real Ethical, que permite aplicações financeiras em empresas de seu portfólio, excluindo empresas de bebidas alcoólicas, fumo, armamentos e jogos de azar.

Como se vê, as marcas e as empresas começam a ser valorizadas (ou desvalorizadas) pela sua atuação socialmente responsável. Além de saber "o que são" e "o que fazem", a sociedade quer saber "em que acreditam" as organizações.

Responsabilidade social corporativa e propaganda

A comunicação mercadológica e, mais especificamente, a propaganda, enfoque deste livro, são fisicamente realizáveis e

---

[29] Christopher Wells, entrevista concedida ao jornal *Valor Econômico*, São Paulo, setembro de 2002.

distribuídas, tendo como principal objetivo impactar positivamente o consumidor, a fim de que o produto, idéia ou serviço oferecido possam ter a sua preferência de compra. Mas, indo mais a fundo na análise a respeito da ética nos negócios, cabe aqui indagar: aquilo que é produzido e oferecido pelas empresas ao mercado consumidor tem atendido aos padrões éticos e de qualidade? As mensagens publicitárias e sua distribuição têm contemplado a responsabilidade da organização em levar até seu público mensagens que possam estimular atitudes éticas dos indivíduos? Mais do que isso, as mensagens publicitárias têm em sua essência aspectos que refletem os valores das empresas anunciantes, um dos aspectos de transparência empresarial?

Já não bastam as leis e os códigos de conduta vigentes no país quanto à ética publicitária, como o Conselho Nacional de Auto-Regulamentação Publicitária (Conar), por exemplo. Mais do que cumprir leis, as empresas estão sendo convocadas pela sociedade a se responsabilizar, com mais convicção, por suas mensagens publicitárias, ampliando, assim, seu papel econômico para uma atuação mais social. Exemplo disso é a inovação que alguns anunciantes vêm promovendo, assumindo publicamente seus compromissos com a sociedade.

Em entrevista concedida em 13 de dezembro de 2002, na sede da Ford Motor Company, em São Bernardo do Campo, estado de São Paulo, o presidente Antonio Maciel Neto explanou a filosofia da companhia. Nosso interesse em entrevistar Maciel Neto deve-se a algumas constatações:

1. Sabe-se que a implementação de políticas de responsabilidade social se inicia e se mantém a partir do alto comando das empresas. A Ford foi a primeira empresa instalada no

Brasil a criar a Gerência de Responsabilidade Social — responsável pelos programas de voluntariado, meio ambiente, educação e políticas de cidadania corporativa — e a incluir em seu plano estratégico de reestruturação a exposição de sua conduta ética.

2. A Ford assumiu compromisso público, filiando-se a entidades relacionadas ao fomento e disseminação da atuação empresarial responsável, veiculou campanha publicitária tendo seu presidente como porta-voz — o que lhe rendeu muitas palestras sobre ação afirmativa empresarial — e recebeu prêmios na área de comunicação pela inovação.

3. Henry Ford, fundador da companhia nos Estados Unidos, foi um dos precursores da responsabilidade social mundialmente.

4. A companhia promoveu um verdadeiro salto quantitativo e qualitativo de mercado após a implementação das estratégias de marketing que contemplam a responsabilidade social.

Indagado a respeito de sua participação na primeira campanha publicitária da montadora em seu novo momento de mercado, Maciel Neto ressaltou a importância do respeito e o compromisso da empresa com o consumidor e a sociedade e também as dificuldades da gestão ética:

> Acho o seguinte: você tem várias áreas da responsabilidade social na empresa [...], várias formas de abordar e de ver a gestão social na empresa.
>
> Uma questão é atender à legislação e aí nós já temos muitos problemas. Muitas empresas não atendem até mesmo à legislação. No que se refere à legislação relativa ao meio ambiente, a nossa política como Ford Mundial é atender mais do que à legislação. Nunca ficar só na legislação. Ficar sempre à frente dela. Por exemplo: certificação das fábri-

cas quanto à ISO14000 de meio ambiente. A Ford foi a primeira montadora a certificar todas as fábricas. A norma não é obrigatória. É uma norma voluntária, que segue quem quer. A Ford tem todas as fábricas no mundo certificadas e atualizadas a cada ano de acordo com este padrão internacional.

Nossa orientação é para estarmos sempre além do que a norma diz. Isto também é regra para a segurança e o atendimento ao consumidor. Disponibilizamos o serviço de atendimento ao consumidor via 0800 e também *e-mail*, sempre atendendo 24 horas por dia, 365 dias por ano. A qualquer hora do dia ou da noite, o consumidor tem um ponto de referência com a empresa.

Outra ação de responsabilidade social é nosso relacionamento com os funcionários e um bom exemplo é o que foi feito em Camaçari [fábrica recém-inaugurada no estado da Bahia]. Sabedores do impacto que estaríamos provocando no local e independentemente de legislação, resolvemos, após análise de fatos ocorridos no passado e o que envolve erguer um empreendimento do setor automotivo, que estaríamos treinando quase 100% da mão-de-obra local respeitando a diversidade. "Importar" funcionários de outros estados poderia acarretar inúmeros problemas de adaptação para os profissionais. A realidade local resultou na contratação de 42% de mulheres e 64% de negros e pardos. Foram novecentas horas de treinamento de pessoas que já tinham trabalhado em bancos, hotéis, órgãos públicos e até donas-de-casa. Após seis meses de atividades, estamos produzindo com o Padrão Ford Mundial.

Agimos considerando o meio ambiente, a diversidade, o atendimento ao consumidor e as ações para a comunidade. Fazemos o que é certo e, dessa forma, ficou fácil para nós assumirmos publicamente nosso compromisso com o consumidor.[30]

---

[30] Entrevista concedida à autora.

Deixando um pouco de lado a alta capacidade gerencial e de liderança do principal executivo da Ford no Brasil — Maciel Neto recebeu diversos prêmios individuais e corporativos nos últimos três anos —,[31] fator muitas vezes decisivo para a prática da responsabilidade social, a companhia tem implementado diversas ações éticas e sociais mundiais e tem procurado, considerando a diversidade dos países, ajustar sua atuação entendendo que o plano estratégico global da organização é assumir a atuação responsável como parâmetro dos negócios.

Para serem mais competitivas e conquistarem igualdade de condições no mercado, as empresas precisam rever suas atitudes, inclusive sua forma de se comunicar com seus públicos. A coerência entre o discurso e a prática das empresas deve ser entendida como necessidade de primeiro grau, visto que sua função, nos dias atuais, já não se concentra apenas em transmitir informações, mas em mudar comportamentos, impulsionando a organização em direção a suas metas. Cuidar para que o conteúdo da propaganda seja ético e responsável socialmente parece ser um desafio imposto pela competição de mercado.

Anúncios veiculados em revista pela Ford mostram um pouco da exposição pública dos valores da empresa pela propaganda (ver fotos 1, 2 e 3).

---

[31] A Ford conquistou mais de vinte prêmios importantes. Antonio Maciel Neto foi eleito em 2002 o Homem de Marketing do Estado de São Paulo pela revista *Marketing*, Personalidade do Ano pela publicação *Autodata* e Executivo do Ano pelos jornalistas da área automobilística de televisão. Entre outros, a Ford recebeu ainda os prêmios Top Social, Top de Marketing e Top de Ecologia (da ADVB), Marketing Best (Madia e FGV), Pick-up Ranger — Campeã em Satisfação do Consumidor (revista *Quatro Rodas*) — e Novo Fiesta — Melhor Automóvel e Melhor Lançamento de 2002 (*Autodata*) — informações concedidas pela assessoria de imprensa da montadora.

FOTO 1. A CAMPANHA DA FORD COLOCA SEU PRESIDENTE COMO "GAROTO-PROPAGANDA" QUE GARANTE O COMPROMISSO DA EMPRESA COM O CONSUMIDOR BRASILEIRO. DEPOIS DA FORD, VOLKSWAGEN E GENERAL MOTORS ADOTARAM A ESTRATÉGIA.

FOTO 2. ANÚNCIO DA CAMPANHA UAU! EXPOSIÇÃO DA RESPONSABILIDADE DA MONTADORA COM O CONSUMIDOR.

FOTO 3. ANÚNCIO DO LANÇAMENTO DA NOVA FÁBRICA DE CAMAÇARI.
O PRESIDENTE DA COMPANHIA REAFIRMA O COMPROMISSO COM A QUALIDADE.

O PAPEL SOCIAL DA PROPAGANDA

Função mercadológica e social da propaganda

Neste livro apresentamos os aspectos de estímulo aos consumidores, promovidos por meio da propaganda pelas organizações socialmente responsáveis, segundo suas próprias iniciativas de comunicação e postulados éticos, entendendo que a comunicação mercadológica é uma ferramenta de incentivo a vendas, conforme definições que seguem para o entendimento dos leitores. Propomos também promover a discussão sobre a irresponsabilidade de algumas empresas quando veiculam anúncios que desrespeitam a necessidade de propagar bons exemplos, valorizar as condutas positivas dos cidadãos e disseminar o respeito aos direitos alheios.

Os princípios da responsabilidade social da organização podem orientar as campanhas de marketing e comunicação de seus produtos e serviços. Uma organização muito contribuirá para o aprendizado coletivo e o exercício da cidadania se souber disseminar, por meio da propaganda, a ética e a responsabilidade social. Consumidores perceberão que há respeito por parte da empresa, o que poderá resultar em maior aceitação da marca e predisposição ao consumo.

Para melhor compreensão das funções da comunicação mercadológica (ou promoção, segundo a definição dos quatro Ps de Jerome McCarthy, citada adiante) e, especificamente, das funções da propaganda, cumpre-se elucidar alguns conceitos de marketing.

Segundo Philip Kotler, "o marketing lida com a identificação e o atendimento das necessidades humanas sociais",[1] o que o faz comprometido com o tecido social. Não há como isolar as técnicas de marketing de seus resultados mais práticos e também de seus aspectos menos tangíveis num primeiro momento, como a contribuição à formação do indivíduo e a preocupação em relação às atitudes deste como membro da sociedade.

A tarefa do marketing é criar, promover e fornecer bens e serviços de qualidade a clientes, sejam eles pessoas físicas, sejam pessoas jurídicas. Os profissionais de marketing possuem técnicas que visam estimular a demanda por aquilo que é produzido ou oferecido pelas organizações. Sua função social é definida como um processo que possibilita a pessoas e grupos obterem o que necessitam e o que desejam por meio da criação, oferta e livre negociação de produtos e serviços de valor com outros. Então, a administração de marketing visa planejar e executar a concepção e a determinação de preço, a promoção e a distribuição de idéias, bens e serviços para satisfazer metas individuais e organizacionais.[2]

---

[1] Philip Kotler, *Administração de marketing: a edição do novo milênio* (10ª ed. São Paulo: Pearson/Prentice Hall, 2000), p. 48.
[2] *Ibidem*.

O chamado mix de marketing — ou composto de marketing —, o conjunto de ferramentas que uma empresa utiliza para alcançar seus objetivos mercadológicos, é formado por produto, preço, praça e promoção, os quatro Ps do marketing, segundo Jerome McCarthy,[3] cujas variáveis apresentamos a seguir:

- Produto: variedade, qualidade, *design*, características, nome de marca, embalagem, tamanhos, serviços, garantias e devoluções.
- Preço: preço de lista, descontos, concessões, prazo de pagamento e condições de financiamento.
- Praça: canais, cobertura, variedades, locais, estoque e transporte.
- Promoção: promoção de vendas, força de vendas, relações públicas, marketing direto, assessoria de imprensa, *merchandising*, venda pessoal e publicidade e propaganda.

O composto promocional objetiva facilitar e promover o diálogo entre uma empresa e seus clientes, o que ocorre nos estágios de pré-venda, venda, consumo e pós-consumo, sem dispensar os demais compostos do papel de comunicar, já que eles exercem algum tipo de impressão que pode ou não fortalecer a visão do cliente sobre a empresa.

Atendo-se mais à propaganda, a empresa poderá apoiar-se em diversas plataformas de comunicação, como anúncios, embalagens, encartes, filmes, símbolos, logotipos, entre outras.

Há divergências quanto ao entendimento dos termos *publicidade* e *propaganda* que julgamos importante considerar nes-

---

[3] Jerome McCarthy, *apud* Philip Kotler, *Administração de marketing: a edição do novo milênio*, cit.

te estudo. Para Armando Sant'Anna,[4] *publicidade* é um termo que deriva do latim *publicus* e designa a qualidade do que é público, do tornar público um fato ou uma idéia. Já *propaganda* é definida como a propagação de princípios e idéias. Deriva do latim *propagare*, que significa enterrar, mergulhar, plantar. Seria então o ato de disseminar uma ideologia, seja ela política, seja religiosa. Ajuda-nos a compreensão observar que jamais foi vista a utilização da palavra *publicidade* quando se trata de campanhas políticas ou públicas, obviamente relacionadas a partidos políticos e governos, respectivamente.

Também Gino Giacomini Filho[5] faz ressalva quanto aos conceitos de propaganda e publicidade, mas aponta para a unificação dos termos com base em sua abrangência, identificação e exercício de persuasão da técnica. Dessa forma, adotamos o termo *propaganda* para fazer menção a um anunciante que busca incentivar uma tomada de posição por parte do consumidor e que ocupa um espaço nos meios de comunicação. James R. Ogden complementa o conceito de propaganda definindo-a como "o desenvolvimento e a execução de qualquer mensagem de lembrança, informativa ou persuasiva, comunicada a um mercado ou público-alvo através de um meio não-pessoal. A mensagem é paga e o patrocinador da mensagem ou produto é identificado".[6]

Segundo o Código Brasileiro de Auto-Regulamentação Publicitária, entende-se por propaganda aquilo que é realizado em

---

[4] Armando Sant'Anna, *Propaganda: teoria, técnica e prática* (São Paulo: Pioneira, 1999), pp. 75-76.
[5] Gino Giacomini Filho, *Consumidor versus propaganda* (São Paulo: Summus, 1991), pp. 15-16.
[6] James R. Ogden, *Comunicação integrada de marketing: um modelo prático para desenvolver um plano criativo e inovador* (São Paulo: Pearson/Prentice Hall, 2002), p. 13.

espaço ou tempo pago pelo anunciante. Mas entendemos que, na prática, atualmente, pode ser considerado propaganda o espaço ou o tempo utilizado por um anunciante sem que, necessariamente, haja o pagamento por sua utilização, como ocorre com diversas campanhas de cunho social assinadas por organizações não-governamentais que veiculam suas mensagens a partir da cessão de espaço gratuito nos meios de comunicação, o que não descaracteriza a técnica publicitária.

O outro lado da propaganda, o social, também precisa ser identificado. Em face dos inúmeros questionamentos quanto à responsabilidade social, entendemos que há uma movimentação proativa das empresas em busca de metodologias que permitam a adoção de modelos de conduta cada vez mais contundentes, destinando recursos físicos, financeiros e humanos visando um comportamento social mais responsável e maior lucratividade como conseqüência. E a propaganda, mais que vender produtos, vende valores. É um sistema socializador porque padroniza valores.

Obviamente reduzir o objetivo da propaganda ao simples papel de motivar consumidores a adquirir produtos e serviços seria, no mínimo, negar que sua função também é criar preferências e agregar valores às marcas disponíveis no mercado. Mais do que isso, valer-se do aspecto reducionista de venda daria à propaganda menor importância do que ela realmente tem nos dias atuais.

Há evidências de que a propaganda vai muito além dos impactos físicos que provoca — portanto tangíveis —, como proporcionar o giro rápido dos estoques de revendedores, criar modismos ou referências e hábitos de vida. Seus aspectos mais intensos — e por isso mesmo tão estudados e contestados —

estão no campo do intangível, no nível da psique humana, e muitas vezes só são comprovados quando ganham forma nas atitudes das pessoas. Alguns críticos sociais apontam a propaganda como um incentivo exacerbado ao consumismo.

Característica inconteste da propaganda é sua função de difundir produtos, serviços e idéias. Nessa trilha, a propaganda pretende, expondo aspectos da realidade humana (ou seria do ideal humano?), criar clima favorável ao anunciado de simpatia e até mesmo de adesão. Não se concebe para a propaganda o papel de difamadora do anunciante. Seria ilusão acreditar que, por meio da propaganda, as empresas fariam uma espécie de mea-culpa quanto aos impactos que provocam na sociedade, principalmente aqueles considerados negativos. O conteúdo da mensagem publicitária tem como princípio oferecer o prazer e não a tristeza. Na verdade, a propaganda estabelece padrões de beleza, saúde e felicidade distantes da realidade humana.

Nesse contexto, parece-nos que os dois vetores da propaganda com responsabilidade são o papel do consumidor como crítico e exigidor de posturas e atitudes empresariais — e suas forças de impacto relacionadas ao bem-estar dos indivíduos e ao atendimento do interesse público — e o papel do anunciante como agente de influência no tecido social.

O consumerismo como estímulo à propaganda socialmente responsável

Na década de 1990 houve grande crescimento do investimento social privado no Brasil, o que motivou inúmeras empresas a repensar seu papel como organismo vivo e os impactos que sua atividade provoca na sociedade. No âmbito da reflexão e da retórica foi grande o avanço rumo à derrubada de velhos padrões e à conquista de novas práticas. Mas há ainda um longo caminho a ser percorrido pelas empresas no campo consumerista. Antônio Herman V. Benjamin, promotor de justiça, ao escrever a introdução ao Código de Defesa do Consumidor (CDC), ou Lei do Consumidor, contribuiu para o entendimento do conceito de *consumerismo*:

> Impossível separar a história do homem do ato de consumir, até porque o ser vivo perece sem consumo. O consumidor, assim, não é uma categoria econômica, histórica ou sociológica totalmente nova. O desenvolvimento do consumo e do homem, conseqüentemente, se confundem. Pode-se mesmo afirmar que, a crer na tradição bíblica, a maçã de Adão foi o primeiro bem de consumo a verdadeiramente afetar e modificar o comportamento do ser humano.[7]

O consumo está sendo aprimorado sempre. Às vezes o aprimoramento é promovido pelos governos, às vezes pela sociedade civil organizada, porém pouco estimulado pelas empresas. *Consumerismo* designa uma organização de consumidores cuja finalidade seria a reparação de uma insatisfação na aquisição de bens e serviços. Se tomarmos como suficiente a reparação monetária quando há prejuízo nesse sentido, o CDC é instrumento decisivo e apto para a correção de um dano financeiro causado ao consumidor. Mas há outros danos que jamais poderão ser reparados financeiramente, respaldados só por leis, e que podem ser provocados pela má administração do instrumental de marketing, incluindo a comunicação mercadológica.

---

[7] *Código Brasileiro de Defesa do Consumidor* (São Paulo: Forense Universitária, 1991), p. 11.

A origem do termo *consumerismo*, anglicismo derivado de *consumerism*, aponta para um aspecto evolutivo das relações de consumo em que o grau de conhecimento e informação dos consumidores é fator decisivo para a conquista de seus direitos. Então, *consumerismo* significa a busca dos direitos, compreendida pela lente da sociologia, podendo ser chamada de exercício da cidadania.[8]

O consumerismo, como expansão da proteção ao consumo, apresenta-se como alternativa para a mudança qualitativa da prática da comunicação mercadológica das empresas. Uma vez que a propaganda é considerada um instrumento para mudar hábitos, recuperar a economia, criar imagem, promover o consumo, vender produtos e informar o consumidor, entende-se que cabe ao gerenciador da mensagem publicitária a responsabilidade de seu conteúdo e, por conseqüência, a garantia do exercício da cidadania dos consumidores. A propaganda tem o poder de seduzir os sentidos e provocar reação no receptor.

Por mais que se queira, parece impossível ficar imune às mensagens e aos seus estímulos, mesmo que nos coloquemos distantes de qualquer meio de comunicação. De alguma forma, as mensagens publicitárias chegam até seus alvos, e o questionamento acerca de seu papel econômico já não encontra tantas críticas como em décadas passadas. A discussão acerca de seu papel social, por sua vez, vem ganhando força na medida em que a sociedade já não se satisfaz com as garantias proporcionadas pelas leis, e as atividades de marketing das empresas têm, de alguma forma, provocado perda de qualidade de vida.

---

[8] Gino Giacomini Filho, *Consumidor versus propaganda*, cit., p. 18.

Para ser mais competitiva no mercado, a empresa precisa rever suas atitudes, inclusive sua forma de se comunicar com seus públicos. A coerência entre o discurso e a prática da empresa deve ser entendida como uma necessidade de primeiro grau.

Um aspecto que mostra a disparidade entre a responsabilidade social das empresas e sua gestão de comunicação é a propaganda abusiva, enganosa ou que, de algum modo, estimula atitudes antiéticas ou irresponsáveis dos consumidores. A propaganda há muito já não se concentra apenas em transmitir informações, mas também em mudar o comportamento.

Cuidar para que o conteúdo da comunicação seja ético e responsável parece ser tarefa exigida por um mercado altamente competitivo.

A comunicação também serve como instrumento de correção e prevenção das atitudes da empresa ocorridas no passado. Se a empresa faz o bem tanto para a sociedade quanto para o meio ambiente, é natural que ela expresse essas ações pela comunicação.

A postura ética das empresas, ou a falta dela, no campo da comunicação mercadológica, ultrapassa os aspectos relacionados à publicidade enganosa ou abusiva, prevista no CDC. Fazendo uma releitura dos conceitos *enganosa* e *abusiva*, é possível ir além do que é previsto pela Lei do Consumidor.

Segundo o CDC, artigo 37, parágrafo 1º:

> É enganosa qualquer modalidade de informação ou comunicação de caráter publicitário, inteira ou parcialmente falsa, ou, por qualquer outro modo, mesmo por omissão, *capaz de induzir em erro o consumidor* [grifo nosso] a respeito da natureza, características, qualidade, quantidade, pro-

priedades, origem, preço e quaisquer outros dados sobre produtos e serviços.[9]

Ainda no mesmo artigo, parágrafo 2º, consta que:

> É abusiva, dentre outras, a publicidade discriminatória de qualquer natureza, a que incite à violência, explore o medo ou a superstição, se aproveite da deficiência de julgamento e experiência da criança, desrespeite valores ambientais, ou que seja capaz de *induzir o consumidor* [grifo nosso] a se comportar de forma prejudicial ou perigosa à sua saúde ou segurança.[10]

Toda lei tem a finalidade de regulamentar e dar parâmetros para as atitudes dos cidadãos e das empresas, porém também é passível das mais diversas interpretações. Ser "capaz de induzir em erro o consumidor" pode ganhar conotação diferente de acordo com a situação. Fica evidente, por exemplo, que uma peça publicitária pode estar totalmente adequada à Lei do Consumidor, mas poderá não estar adequada à lei humana, ou seja, à sua conduta moral e ética.

Em 1988, a Escola de Pais do Brasil — Regional de Campinas, entidade que reúne doze escolas, protocolou representação de nº 056/88 no Conselho Nacional de Auto-Regulamentação Publicitária (Conar) manifestando-se contra um comercial de televisão veiculado pela rede de lanchonetes McDonald's. Em síntese, o anúncio de trinta segundos intitulado "Reencontro" põe em cena uma diretora escolar que convoca pais de alunos para relatar-lhes o comportamento dos filhos. Enquanto ela expõe

---

[9] Marilena Lazzarini *et al.*, *Código de Defesa do Consumidor: anotado e exemplificado e legislação correlata* (São Paulo: ASV, 1991), p. 62.
[10] *Ibidem.*

os fatos, esses pais — pai de um e mãe de outro aluno — se reconhecem como velhos colegas e não dão importância ao que a diretora lhes fala. As crianças presentes também não se constrangem com a tarefa pouco agradável. Ao final, pais e filhos se confraternizam no estabelecimento do anunciante.

Em linhas gerais, o anúncio é acusado de incentivar o desrespeito às instituições e à hierarquia escolar, não só por dar péssimo exemplo (o comportamento dos pais) como também por ridicularizar a instituição escolar (a apresentação de uma diretora sem nenhuma autoridade) e, no final, premiar os faltosos (após a entrevista, pais e filhos vão saborear os produtos McDonald's).

A defesa apresentada pela agência de publicidade McCann-Erickson, em nome de seu cliente Restco, Comércio de Alimentos S.A., afirma que "o anúncio retrata uma situação vivida inúmeras vezes e desde há muito tempo, por pais e alunos, chamados à direção de escolas, para ouvirem as 'faltas' ali cometidas. No caso do anúncio, essa situação é refletida com ternura e simpatia e os 'deslizes' cometidos pelos alunos foram — intencionalmente — leves".[11] Tanto a agência como o anunciante entenderam descabida a imputação de qualquer infração ética publicitária.

O parecer da comissão do Conar destinada a analisar o recurso, no entanto, declarou:

> Analisando o videoteipe do anúncio em questão repetidas vezes; entrevistando pessoas das mais diferentes idades, profissões e níveis culturais [conclui-se que] [...] o anúncio

---

[11] Cf. http://www.conar.org.br.

desrespeita as instituições, incentiva a quebra da hierarquia e dos bons costumes, deseduca as crianças com o exemplo dado pelos pais, além de tratar a pessoa da Diretora de uma forma pequena, preocupada que está com fato aparentemente sem a menor importância, culminando com a aparente premiação, ou no mínimo por uma ação de pouco caso pelo acontecido na diretoria, como retratam as cenas finais do anúncio, com a confraternização do encontro entre os pais (amigos de adolescência?) e filhos na lanchonete, não denotando o menor constrangimento pelo ocorrido há poucos momentos.

Entendemos que a responsabilidade do Anunciante aumenta proporcionalmente com a sua importância e de acordo com segmento a que se dirige. O grande anunciante, tanto pela sua presença no mercado, como pelo seu volume de mídia, *acaba sendo um formador de opinião e de comportamentos* [grifo nosso]. Portanto tem que tomar muito cuidado para não emitir conceitos negativos que possam vir a prejudicar os seus consumidores e o público em geral. Disciplina, respeito, hierarquia, comportamento exigem muito cuidado ao serem abordados. Os maus exemplos, por menores que sejam, sempre serão maus e não deverão ser valorizados.[12]

O comercial foi suspenso mesmo após recurso da agência e do anunciante contra a decisão, mas não houve repercussão popular do fato, algo que poderia contribuir para a disseminação de um comportamento mais ético e responsável de agências de propaganda e anunciantes.

O parecer da comissão do Conar explicita a amplitude da influência que uma empresa exerce sobre o consumidor pela comunicação mercadológica. Aparentemente inofensivo, o re-

---

[12] *Ibidem.*

lato ou a simulação de uma situação do cotidiano, como mostrado anteriormente, mesmo que apresentado com boa dose de aprovação e humor, poderia, na realidade, ser condenado até pelos cidadãos menos conservadores.

A publicidade, como ferramenta de marketing, tem a finalidade mercadológica de expandir os negócios das empresas e o seu próprio desenvolvimento como geradora de riquezas, visto que o setor publicitário brasileiro representa, aproximadamente, 30% do Produto Interno Bruto (PIB). Portanto, trata-se de importante ingrediente econômico.

A ausência de preocupação com o social muito se deve à necessidade de promover o desenvolvimento econômico em detrimento do desenvolvimento socioeconômico, uma combinação de elementos que contribuem para a geração de riquezas e para o atendimento das necessidades humanas.

A relação entre propaganda e economia se fortaleceu graças ao incentivo do Estado ao capitalismo selvagem desenvolvido no país, conforme afirma Giacomini Filho.[13] A revisão do conceito de marketing no Brasil, que dá prioridade ao aspecto social, vem ganhando forças principalmente quando esse aspecto é observado do ponto de vista empresarial. Muitas são as instituições ligadas a empresas e empresários que vêm disseminando a prática da responsabilidade social do marketing e da propaganda, principalmente a partir da década de 1990. Entende-se que não pode haver conflito entre a retórica de empresa-cidadã e a práxis da propaganda responsável.

---

[13] Gino Giacomini Filho, *Consumidor versus propaganda*, cit., p. 85.

A atuação silenciosa das empresas em prol de suas marcas

Na tentativa de tornar seus negócios mais lucrativos, as empresas têm buscado, nos últimos quinze anos, construir marcas, e não produtos. Nesse sentido, as corporações vêm encontrando alternativas que, antes da década de 1980, dificilmente seriam aceitas: um fabricante sólido era um fabricante de bens e não de marcas.

A substituição da produção de produtos pela produção de marketing atingiu seu ápice quando, nessa mesma década de 1980, teóricos e gurus da administração moderna (principalmente os nascidos em território norte-americano) passaram a elaborar estratégias baseadas em marcas, o chamado plano de *branding*.

Em função do consenso de que as empresas industriais estavam superdimensionadas, empregando gente demais e precisando investir em coisas demais, e em razão da recessão que se instalou à época, rever o formato de empresa parecia ser um caminho sem volta. Então, foi nesse período que empresas como Nike, Microsoft e Intel começaram a despontar como referência de negócios bem-sucedidos, inspirados no novo modelo de administração em que o ato de produzir parecia menos importante que o de consolidar a marca.

Foi também na década de 1980 que as fusões começaram a surgir em todo o mundo. O que parecia ser a solução para o crescimento econômico e das organizações passou a ser considerado um ícone do encolhimento empresarial. No processo de fusão, as empresas reduziram postos de trabalho e aumentaram sua força mercadológica, multiplicando seus valores de marca.

Há, portanto, certa obsessão corporativa com a identidade de marca em todos os setores empresariais, das indústrias às prestadoras de serviços, como é o caso das universidades e entidades não-governamentais, apenas para citar alguns exemplos.

No contexto do plano de *branding* (ou plano de marca), a propaganda tem papel de fundamental importância. Dado que uma das tarefas da propaganda é mudar hábitos de vida e influenciar comportamentos para criar preferência, o papel dos produtos já não é oferecer ao consumidor seus atributos, principalmente físicos, mas agregar valor a esse consumidor perante a sociedade. A utilidade dos produtos, portanto, já não é essencial no processo mercadológico. No contexto da construção de marca, diferençar um produto de outro significa distinguir as imagens das marcas que disputam mercado.

Dessa forma, o papel da propaganda passou de informar para construir atributos intangíveis em torno dos aspectos e das características dos produtos. Assim, se o corpo do produto são seus aspectos físicos (tangíveis, portanto), sua marca é sua alma. Isso também influenciou a chamada indústria da propaganda, que ganhou incremento substancial de investimentos, superando até mesmo o crescimento da economia mundial, segundo dados da Organização das Nações Unidas (ONU) de 1998.

As agências de propaganda exercem importante papel nesse contexto, dado que é cada vez mais premente para as marcas investir em propaganda, em todas as suas modalidades, visando garantir o *market share* atual e conquistar melhores posições no futuro. É dar maior importância ao valor agregado de marca do que ao valor real do produto.

Fator relevante da construção de marca do século XXI é a reputação da empresa como base de todo o processo. A construção de valores, essência do plano de marca, configura-se como questão de sobrevivência para os negócios. Nessa linha de atuação está a técnica de marketing social — ou marketing para causas sociais —, que tem a finalidade de promover a participação das empresas no âmbito comunitário, o chamado engajamento social corporativo. Por não termos aqui, como linha de estudo, a técnica de marketing social, e sim a propaganda como ferramental mercadológico de produtos e serviços e seus aspectos de relevância social e respeito aos direitos dos consumidores, não nos aprofundaremos no assunto.

Segundo Tom Peters,[14] consultor internacional de *branding*, as empresas detentoras das marcas como Coca-Cola, Microsoft e Disney são autênticos "artistas" da produção intelectual. Já a indústria automobilística, por exemplo, ainda é fornecedora de trambolhos, embora os automóveis sejam muito mais "inteligentes" hoje do que costumavam ser. O pensamento de Peters expressa a importância do investimento das empresas em suas marcas.

Contrapondo a visão de Tom Peters, Naomi Klein, jornalista canadense, autora do livro *Sem logo*,[15] é a crítica mais contumaz, da atualidade, do plano de construção de marca.

Naomi apresenta em seu estudo o poder das empresas sobre os consumidores e os esforços empreendidos pelas corporações com o objetivo de elevar o valor agregado de suas marcas. Afirma

---

[14] Tom Peters, *The Circle of Innovation* (Nova York: Alfred A. Knopf, 1997).
[15] Naomi Klein, *Sem logo: a tirania das marcas em um planeta vendido* (Rio de Janeiro: Record, 2002).

a jornalista que a propaganda é um dos mais importantes componentes da química da marca e que ela se impõe à paisagem urbana, musical, artística, cinematográfica, comunitária, editorial, esportiva e educacional. As marcas estão conduzindo o cotidiano de centenas de milhares de pessoas em todo o mundo, o que nos faz seres vendidos num planeta dominado pelas corporações.

Num mundo globalizado apenas no campo econômico e socialmente carente, encaram-se os fracassos empresariais como molas propulsoras de transformações. Se os movimentos consumeristas, mesmo que em pequeno volume, puderem explorar as oportunidades que as falhas corporativas cometem — como o emprego de mão-de-obra infantil protagonizado pela Nike nos anos 1990 ou os diversos derramamentos de óleo provocados pela falta de investimentos em prevenção da Petrobras —, será possível adquirir consciência dos aspectos da construção de marcas baseados em técnicas persuasivas e irresponsáveis socialmente.

Ainda analisando o papel da propaganda no contexto social, ressalta-se que, não havendo diferenciais para os produtos no campo físico, há que diferenciá-los por seus valores adquiridos com experiências culturais e sociais. Isso nos faz repensar a propaganda sob o aspecto cultural que adquire quando empresas, ao patrocinar eventos na área, colocam suas marcas como as protagonistas, e não apenas como pano de fundo da ação, característica dos patrocínios culturais nas décadas de 1980 e 1990 no Brasil. No passado, a participação das empresas restringia-se ao apoio financeiro ou institucional, diferentemente de hoje, quando as marcas das empresas são a razão de ser de uma atividade cultural, o que Matthew McAllister, crítico de publicidade, define como um controle das empresas por trás de uma fachada filantrópica. É a arte pela publicidade, e não a arte pela arte.

Então, fica aqui registrado um questionamento central sobre a propaganda responsável: as empresas-cidadãs estão considerando a transparência de seus valores, os princípios éticos, a garantia do bem-estar dos consumidores e o interesse público com a propaganda que planejam, veiculam e controlam de seus produtos e serviços?

Postulados éticos – parâmetros da propaganda socialmente responsável

Os postulados éticos corporativos que formalizam e operacionalizam a pesquisa que apresentamos a seguir, base de análise e avaliação dos documentos coletados, servem como parâmetros para a conduta ética e responsável na propaganda. A fim de proporcionar maior conhecimento acerca de seu conteúdo, apresentamos alguns destaques dos códigos utilizados com os respectivos comentários.

CÓDIGO DE DEFESA DO CONSUMIDOR (CDC)

```
CAPÍTULO I
Disposições Gerais
Art. 1º - O presente Código estabelece normas de
proteção e defesa do consumidor, de ordem pública e
interesse social, nos termos dos arts. 5º, inciso
XXXII, 170, inciso V, da Constituição Federal e
art. 48 de suas Disposições Transitórias.
```

O artigo 1º mencionado reflete a questão ética e moral das relações de consumo quando ressalta a proteção e a defesa do consumidor e o atendimento dos interesses sociais. A publicidade potencialmente danosa à integridade física, moral ou econômica do cidadão não se isenta da responsabilidade de se pautar pelos aspectos sociais.

CAPÍTULO II
Da Política Nacional de Relações de Consumo
Art. 4º - A Política Nacional de Relações de Consumo tem por objetivo o atendimento das necessidades dos consumidores, o respeito à sua dignidade, saúde e segurança, a proteção de seus interesses econômicos, a melhoria da sua qualidade de vida, bem como a transparência e harmonia das relações de consumo, atendidos os seguintes princípios:
I - reconhecimento da vulnerabilidade do consumidor no mercado de consumo;
II - ação governamental no sentido de proteger efetivamente o consumidor:
a) por iniciativa direta;
b) por incentivos à criação e desenvolvimento de associações representativas;
c) pela presença do Estado no mercado de consumo;
d) pela garantia dos produtos e serviços com padrões adequados de qualidade, segurança, durabilidade e desempenho;
III - harmonização dos interesses dos participantes das relações de consumo e compatibilização da proteção do consumidor com a necessidade de desenvolvimento econômico e tecnológico, de modo a viabilizar os princípios nos quais se funda a ordem econômica (art. 170, da Constituição Federal), sempre com base na boa-fé e equilíbrio nas relações entre consumidores e fornecedores;

IV - educação e informação de fornecedores e consumidores quanto aos seus direitos e deveres, com vistas à melhoria do mercado de consumo;
V - incentivo à criação pelos fornecedores de meios eficientes de controle de qualidade e segurança de produtos e serviços, assim como de mecanismos alternativos de solução de conflitos de consumo;
VI - coibição e repressão eficientes de todos os abusos praticados no mercado de consumo, inclusive a concorrência desleal e a utilização indevida de inventos e criações industriais das marcas e nomes comerciais e signos distintivos que possam causar prejuízos aos consumidores;
VII - racionalização e melhoria dos serviços públicos;
VIII - estudo constante das modificações do mercado de consumo.

O Capítulo II do CDC estabelece parâmetros éticos nas relações de consumo, como o respeito à dignidade e à saúde do consumidor, a educação e a informação às quais os consumidores têm direito, e atribui ainda às empresas e às instâncias governamentais a responsabilidade de zelar pelo consumidor, dando sinais de que ele é a parte mais fraca do processo.

CAPÍTULO III
Dos Direitos Básicos do Consumidor
Art. 6º - São direitos básicos do consumidor:
I - a proteção da vida, saúde e segurança contra os riscos provocados por práticas no fornecimento de produtos e serviços considerados perigosos ou nocivos;
II - a educação e divulgação sobre o consumo adequado dos produtos e serviços, asseguradas a liberdade de escolha e a igualdade nas contratações;

III - a informação adequada e clara sobre os diferentes produtos e serviços, com especificação correta de quantidade, características, composição, qualidade e preço, bem como sobre os riscos que apresentem;
IV - a proteção contra a publicidade enganosa e abusiva, métodos comerciais coercitivos ou desleais, bem como contra práticas e cláusulas abusivas ou impostas no fornecimento de produtos e serviços;
V - a modificação das cláusulas contratuais que estabeleçam prestações desproporcionais ou sua revisão em razão de fatos supervenientes que as tornem excessivamente onerosas;
VI - a efetiva prevenção e reparação de danos patrimoniais e morais, individuais, coletivos e difusos;
VII - o acesso aos órgãos judiciários e administrativos, com vistas à prevenção ou reparação de danos patrimoniais e morais, individuais, coletivos ou difusos, assegurada a proteção jurídica, administrativa e técnica aos necessitados;
VIII - a facilitação da defesa de seus direitos, inclusive com a inversão do ônus da prova, a seu favor, no processo civil, quando, a critério do juiz, for verossímil a alegação ou quando for ele hipossuficiente, segundo as regras ordinárias de experiências;
IX - (Vetado).
X - a adequada e eficaz prestação dos serviços públicos em geral.
Art. 7º - Os direitos previstos neste Código não excluem outros decorrentes de tratados ou convenções internacionais de que o Brasil seja signatário, da legislação interna ordinária, de regulamentos expedidos pelas autoridades administrativas competentes, bem como dos que derivem dos princí-

pios gerais do direito, analogia, costumes e eqüidade.

Parágrafo único - Tendo mais de um autor a ofensa, todos responderão solidariamente pela reparação dos danos previstos nas normas de consumo.

CAPÍTULO V
Das Práticas Comerciais
[...]
SEÇÃO III
Da Publicidade

Art. 36 - A publicidade deve ser veiculada de tal forma que o consumidor, fácil e imediatamente, a identifique como tal.

Parágrafo único - O fornecedor, na publicidade de seus produtos ou serviços, manterá, em seu poder, para informação dos legítimos interessados, os dados fáticos, técnicos e científicos que dão sustentação à mensagem.

Art. 37 - É proibida toda publicidade enganosa ou abusiva.

§ 1º - É enganosa qualquer modalidade de informação ou comunicação de caráter publicitário inteira ou parcialmente falsa, ou, por qualquer outro modo, mesmo por omissão, capaz de induzir em erro o consumidor a respeito da natureza, características, qualidade, quantidade, propriedades, origem, preço e quaisquer outros dados sobre produtos e serviços.

§ 2º - É abusiva, dentre outras, a publicidade discriminatória de qualquer natureza, a que incite à violência, explore o medo ou a superstição, se aproveite da deficiência de julgamento e experiência da criança, desrespeite valores ambientais, ou que seja capaz de induzir o consumidor a se comportar de forma prejudicial ou perigosa à sua saúde ou segurança.

§ 3º - Para os efeitos deste Código, a publicidade é enganosa por omissão quando deixar de informar sobre dado essencial do produto ou serviço.
§ 4º - (Vetado).
Art. 38 - O ônus da prova da veracidade e correção da informação ou comunicação publicitária cabe a quem as patrocina.

Os direitos básicos do consumidor previstos no Capítulo III do CDC tratam das normas que coíbem a agressão a valores físicos, econômicos e sociais que possa ser praticada por empresas. Mas, a nosso ver, o conceito de valores do Código transita pelo campo da interpretação, a qual é subordinada à adaptação da norma ao fato concreto. Apesar de não ter conceituado a publicidade abusiva e enganosa, a legislação brasileira a considera ilícita. Mais um aspecto que reforça a necessidade de as empresas assumirem uma postura ética na comunicação mercadológica.

CÓDIGO BRASILEIRO DE AUTO-REGULAMENTAÇÃO PUBLICITÁRIA

SEÇÃO 1 - Preâmbulo
Artigo 1º - Todo anúncio deve ser respeitador e conformar-se às leis do país; deve, ainda, ser honesto e verdadeiro.
Artigo 2º - Todo anúncio deve ser preparado com o devido senso de responsabilidade social, evitando acentuar, de forma depreciativa, diferenciações sociais decorrentes do maior ou menor poder aquisitivo dos grupos a que se destina ou que possa eventualmente atingir.
Artigo 3º - Todo anúncio deve ter presente a responsabilidade do Anunciante, da Agência de Publicidade e do Veículo de Divulgação junto ao Consumidor.

Artigo 4º – Todo anúncio deve respeitar os princípios de leal concorrência geralmente aceitos no mundo dos negócios.

Artigo 5º – Nenhum anúncio deve denegrir a atividade publicitária ou desmerecer a confiança do público nos serviços que a publicidade presta à economia como um todo e ao público em particular.

Artigo 6º – Toda publicidade deve estar em consonância com os objetivos do desenvolvimento econômico, da educação e da cultura nacionais.

Artigo 7º – De vez que a publicidade exerce forte influência de ordem cultural sobre grandes massas da população, este Código recomenda que os anúncios sejam criados e produzidos por Agências e Profissionais sediados no País – salvo impossibilidade devidamente comprovada e, ainda, que toda publicidade seja agenciada por empresa aqui estabelecida.

A discussão a respeito da ética na propaganda existe há, pelo menos, duas décadas, quando o Conar foi instituído. Com o firme propósito de colocar limites aos abusos cometidos por agências e anunciantes, as entidades que assinaram o Código procuraram estabelecer também parâmetros morais e éticos para a comunicação mercadológica, assim como despertar os agentes da comunicação para a tão necessária reflexão sobre o papel social da propaganda, que viveu, por longos anos, alienada e distante da realidade do país.

Os precedentes negativos da propaganda funcionam como limitadores e direcionadores de novas condutas das empresas, das agências e dos profissionais de propaganda. O grau de credibilidade que a propaganda poderá agregar à imagem empresarial é fator relevante e de sustentação da própria atividade na sociedade. E isso parece de importância ainda reduzida para o código de ética da propaganda, que não define com exatidão conceitos como abusividade, desrespeito, desonestidade e veracidade.

Pesquisa e análise de anúncios publicitários

A fim de verificar se as empresas repassam para seus anúncios publicitários os postulados éticos corporativos (CDC e Conar), optou-se pela pesquisa e análise de peças veiculadas em televisão, revista e jornal. As amostras utilizadas foram obtidas de 131 anúncios de 59 empresas associadas ao Instituto Ethos de Empresas e Responsabilidade Social (ver quadro). A análise da propaganda dessas empresas deve-se ao fato de que elas estão acessando voluntariamente as informações sobre responsabilidade social e têm se utilizado disso para gerir seus negócios.

Organizações que fizeram parte da amostra
Accor Brasil
Ambev (Bohemia®, Antarctica®, Skol®)
Avon
Banco do Brasil
Banco Real
Banco Santos[16]
BCP
Boehringer Ingelheim
(cont.)

---

[16] O Banco Santos teve sua falência decretada em 20-9-2005.

Organizações que fizeram parte da amostra

Bradesco
Calçados Azaléia
Carrefour
Cia. Brasileira de Distribuição (Extra, CompreBem, Barateiro,[17] Pão de Açúcar)
Cia. Suzano de Papel e Celulose (Report)
CNA
Coca-Cola (Kaiser, refrigerante)
Companhia Vale do Rio Doce
Credicard
DPaschoal
Editora Abril (Claudia, TVA, Veja)
Ericsson do Brasil
Fiat Automóveis
Ford (veículos e caminhões)
Grupo VR
Hewlett-Packard
Honda (Assohonda)
Intelig
International Paper (Chamex®)
Itaú (seguros, banco, Itautec)
Johnson & Johnson (Acuvue®, Raid®, Neutrogena®, Sundown®)
Klin
Kraft Foods (Clight)

(cont.)

---

[17] O Barateiro não faz parte do CompreBem desde 2003/2004.

Organizações que fizeram parte da amostra
McDonald's
Motorola
Multibras (Brastemp®)
Natura
Nestlé
Nokia
Novartis
O Boticário
Organizações Globo (Globo.com)
Parmalat (Gloria, leite garrafa)
Petrobras
Pfizer (Polysporin®)
Porto Seguro (Seguros, Consórcio)
Reckitt Benckiser (Veet, Veja)
Renault
Roche (Supradyn®)
Sadia
Schering do Brasil
Sky
Souza Cruz
Telefonica (Super 15, Terra.com, Serviços)
Telesp Celular[18]
Tim
Unibanco

(cont.)

---

[18] A Telesp Celular passou a Vivo em 2003.

Organizações que fizeram parte da amostra

Unilever (Lux®, Seda®, Dove®, Brilhante®, Omo®, Cif®, Becel®, Vinólia®)

Valor Econômico

Volkswagen (veículos e caminhões)

Xerox (instituto)

Há diversos aspectos a considerar em relação à incidência de ocorrências positivas e negativas relacionadas ao cumprimento ou não dos postulados éticos que precisam ser observados para efeito de análise.

A fim de proporcionar maior compreensão acerca desses aspectos, a análise obedeceu a dois critérios. O primeiro, mais genérico, versa sobre o não-cumprimento parcial, o não-cumprimento total e o cumprimento total das categorias dos códigos. O segundo, mais específico, traz a análise dos anúncios das empresas.

Ao contrário do Conar, um instrumento ético cem por cento voltado para a propaganda, o Código de Defesa do Consumidor não pôde ser utilizado na íntegra em nossa análise. Algumas normas do CDC não comportam verificação do ângulo da propaganda, como é o caso do cumprimento das obrigações contratuais, da qualidade dos produtos e serviços ou dos aspectos relacionados à sua garantia.

Destacaram-se, então, os seguintes capítulos do CDC:

Capítulo III
- Artigo 6º (inciso IV) – Propaganda enganosa ou abusiva.

Capítulo IV
- Artigo 8º – A proteção à saúde e à segurança no que tange ao uso inadequado do produto.

- Artigos 9º e 10 - A constatação de nocividade à saúde e segurança.

Capítulo V
- Artigo 31 - O fornecimento de informações claras, objetivas, ostensivas e em língua portuguesa sobre as características do produto.
- Artigo 36 - A identificação de que se trata de propaganda.
- Artigo 37 - A propaganda enganosa ou abusiva

Capítulo VI
- Artigo 52 - Informação prévia e adequada sobre crédito e financiamento.

Os gráficos apresentados a seguir mostram as incidências negativas e positivas dos anúncios segundo as categorias analisadas. Importante ressaltar que o "sim" refere-se ao atendimento da categoria e o "não", ao não-atendimento.

CATEGORIAS ANALISADAS REFERENTES AO CDC

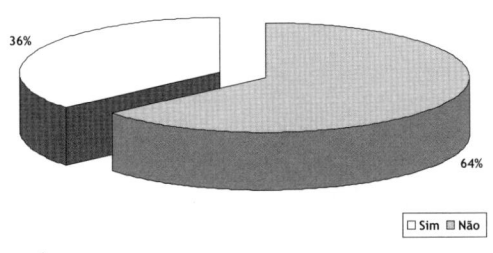

GRÁFICO 3. ARTIGO 6º — PROPAGANDA ENGANOSA OU ABUSIVA

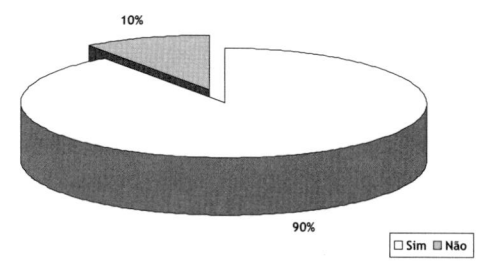

GRÁFICO 4. ARTIGO 8º — INCLUSÃO DE INFORMAÇÕES QUE PROMOVAM A PROTEÇÃO À SAÚDE E À SEGURANÇA DO CONSUMIDOR

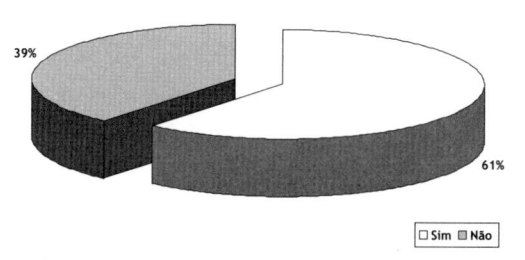

GRÁFICO 5. ARTIGO 31 — INCLUSÃO DE INFORMAÇÕES CORRETAS, CLARAS, PRECISAS, OSTENSIVAS

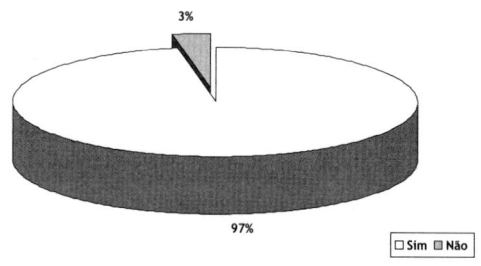

GRÁFICO 6. ARTIGO 9º — INCLUSÃO DE INFORMAÇÃO AO CONSUMIDOR QUANTO À NOCIVIDADE À SAÚDE E À SEGURANÇA

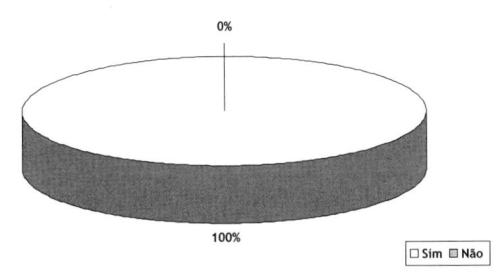

GRÁFICO 7. ARTIGO 36 — IDENTIFICAÇÃO FÁCIL E IMEDIATA DE QUE SE TRATA DE PROPAGANDA

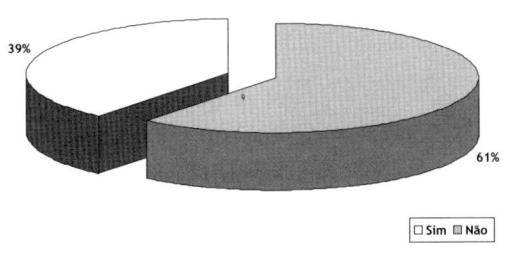

GRÁFICO 8. ARTIGO 37 — PROPAGANDA ENGANOSA OU ABUSIVA

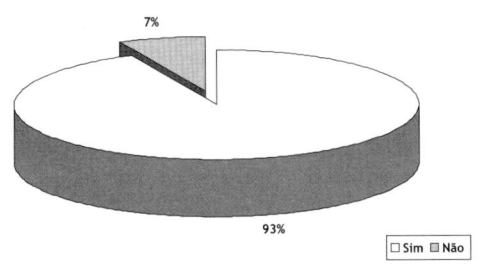

GRÁFICO 9. ARTIGO 52 — INCLUSÃO DE INFORMAÇÃO PRÉVIA E ADEQUADA SOBRE CRÉDITO E FINANCIAMENTO

CATEGORIAS ANALISADAS REFERENTES AO CONAR

Nenhuma ocorrência foi constatada para as categorias direito autoral e plágio e propaganda comparativa. Todas as demais categorias estão apresentadas a seguir em forma de gráficos. Iniciamos com o gráfico dos anexos integrantes do Conar.[19]

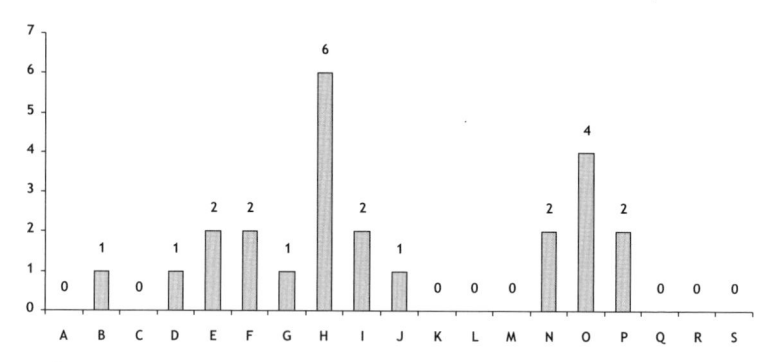

GRÁFICO 10. ANEXOS: TOTAL DE EMPRESAS: 24

---

[19] Anexos do Conar: Anexo A — bebidas alcoólicas; Anexo B — educação, cursos, ensino; Anexo C — empregos e oportunidades; Anexo D — imóveis: venda e aluguel; Anexo E — investimentos, empréstimos e mercado de capitais; Anexo F — lojas e varejo; Anexo G — médicos, dentistas, veterinários, parteiras, massagistas, enfermeiros, serviços hospitalares, paramédicos, para-hospitalares, produtos protéticos e tratamentos; Anexo H — alimentos, refrigerantes, sucos e bebidas assemelhadas; Anexo I — produtos farmacêuticos isentos de prescrição; Anexo J — produtos de fumo; Anexo K — produtos inibidores do fumo; Anexo L — profissionais liberais; Anexo M — reembolso postal ou vendas pelo correio; Anexo N — turismo, viagens, excursões, hotelaria; Anexo O — veículos motorizados; Anexo P — cervejas e vinhos; Anexo Q — testemunhais, atestados, endossos; Anexo R — defensivos agrícolas; Anexo S — armas de fogo.

2%

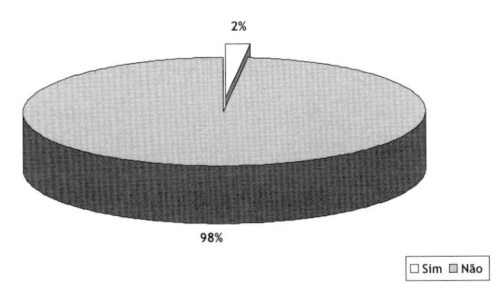

98%

☐ Sim ☒ Não

GRÁFICO 11. APRESENTAÇÃO VERDADEIRA: USO DE NOMENCLATURA, LINGUAGEM, CALÃO INADEQUADOS

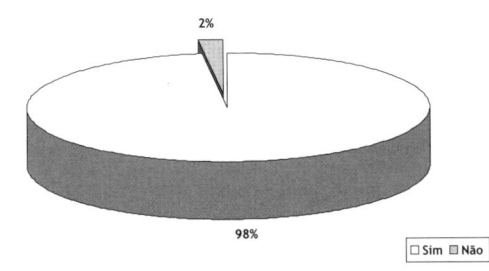

2%

98%

☐ Sim ☒ Não

GRÁFICO 12. APRESENTAÇÃO VERDADEIRA: CITAÇÃO DE PESQUISAS E ESTATÍSTICAS QUE COMPROVEM RESULTADOS OFERECIDOS PELO PRODUTO

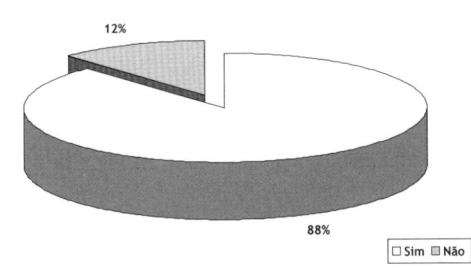

12%

88%

☐ Sim ☒ Não

GRÁFICO 13. APRESENTAÇÃO VERDADEIRA: AS DESCRIÇÕES DOS PRODUTOS E DOS SERVIÇOS SÃO COMPROVÁVEIS?

Nota: nos gráficos intitulados "Apresentação verdadeira" não houve nenhuma ocorrência do uso da palavra *grátis* e das expressões *vendedoras* e *testemunhais*.

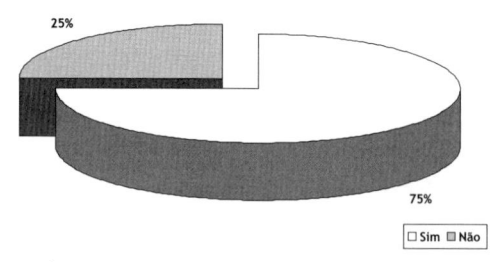

GRÁFICO 14. APRESENTAÇÃO VERDADEIRA: HOUVE INDUÇÃO AO ENGANO?

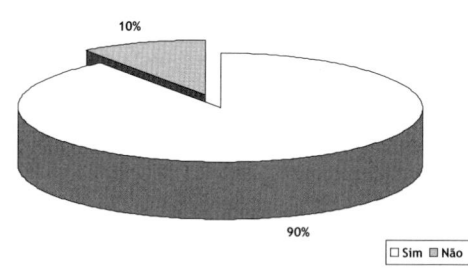

(Sim 25%; Não 75%)

GRÁFICO 15. APRESENTAÇÃO VERDADEIRA: HOUVE A INCLUSÃO DE INFORMAÇÃO CIENTÍFICA QUANDO NECESSÁRIA?

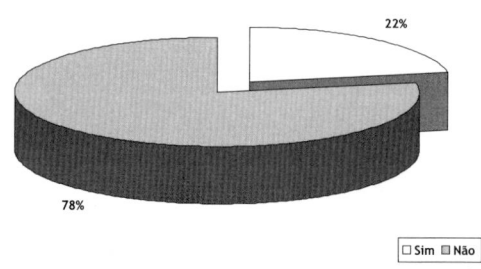

(Sim 10%; Não 90%)

GRÁFICO 16. APRESENTAÇÃO VERDADEIRA: AS INFORMAÇÕES SOBRE PREÇOS E CONDIÇÕES SÃO CLARAS?

(Sim 22%; Não 78%)

Nota: nos gráficos intitulados "Apresentação verdadeira" não houve nenhuma ocorrência do uso da palavra *grátis* e das expressões *vendedoras* e *testemunhais*.

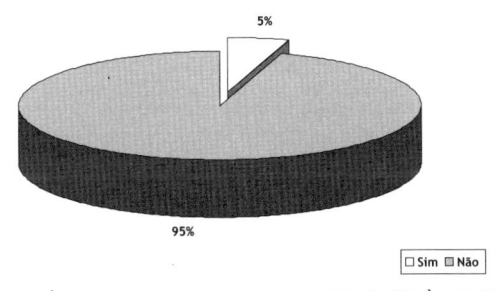

GRÁFICO 17. HONESTIDADE: HOUVE ABUSO À CONFIANÇA DO CONSUMIDOR?

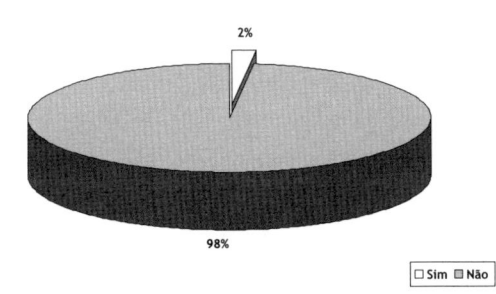

GRÁFICO 18. DECÊNCIA: HOUVE OFENSAS À DECÊNCIA?

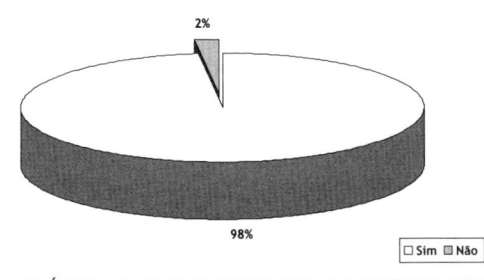

GRÁFICO 19. RESPEITABILIDADE: A DIGNIDADE HUMANA FOI RESPEITADA?

0%

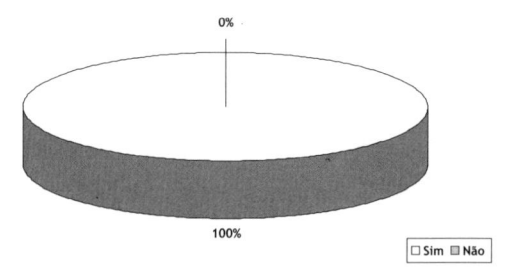

100%
☐ Sim ☐ Não

GRÁFICO 20. RESPEITABILIDADE: AUTORIDADES CONSTITUÍDAS, NÚCLEO FAMILIAR

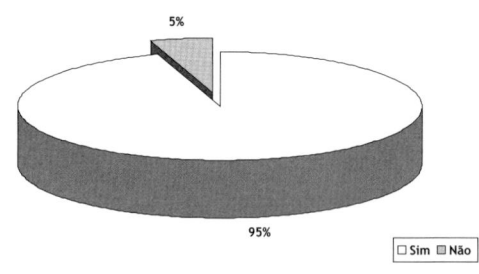

5%

95%
☐ Sim ☐ Não

GRÁFICO 21. RESPEITABILIDADE: O ANÚNCIO CONTEMPLOU O INTERESSE SOCIAL?

Nota: nos gráficos intitulados "Respeitabilidade" não houve nenhuma ocorrência das categorias: intimidade, discriminação racial, social, política, religiosa e nacionalidade e indução à atividade criminosa ou ilegal.

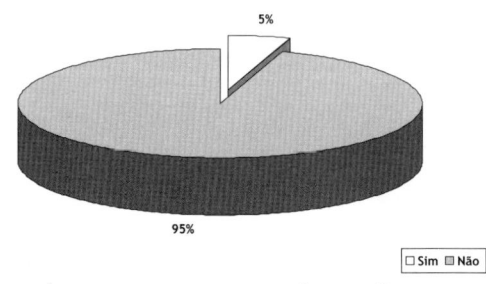

5%

95%
☐ Sim ☐ Não

GRÁFICO 22. MEDO, SUPERSTIÇÃO, VIOLÊNCIA: O ANÚNCIO APOIOU-SE NO MEDO?

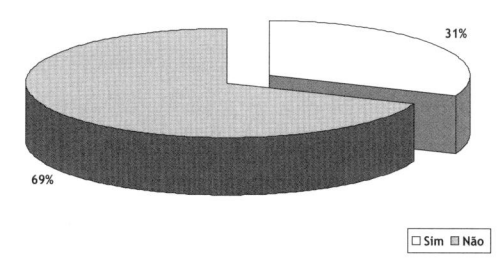

[Pie chart: 31% Sim, 69% Não]

☐ Sim ☐ Não

GRÁFICO 23. MEDO, SUPERSTIÇÃO, VIOLÊNCIA: O ANÚNCIO CONDUZ À VIOLÊNCIA?

Nota: nos gráficos intitulados "Medo, superstição, violência" não houve nenhuma ocorrência da categoria "explorar superstição".

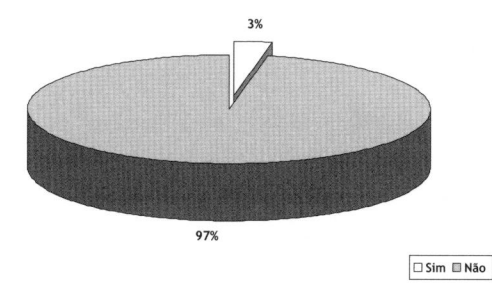

[Pie chart: 3% Sim, 97% Não]

☐ Sim ☐ Não

GRÁFICO 24. HONESTIDADE: HOUVE EXPLORAÇÃO DA FALTA DE EXPERIÊNCIA DO CONSUMIDOR?

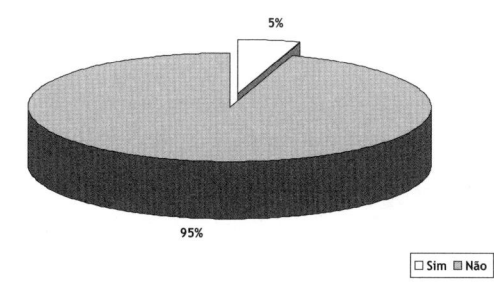

[Pie chart: 5% Sim, 95% Não]

☐ Sim ☐ Não

GRÁFICO 25. SEGURANÇA E ACIDENTES: HOUVE ESTÍMULO AO USO DO PRODUTO DE MANEIRA PERIGOSA?

3%
97%
☐ Sim ☐ Não

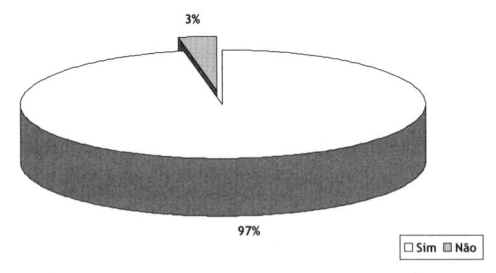

GRÁFICO 26. SEGURANÇA E ACIDENTES: O ANÚNCIO MENCIONA CUIDADOS ESPECIAIS?

Nota: nos gráficos intitulados "Segurança e acidentes" não houve nenhuma ocorrência da categoria "descaso com a segurança de jovens e crianças"; não foram mencionados responsabilidade de terceiros e cuidados especiais de uso para crianças, idosos e doentes.

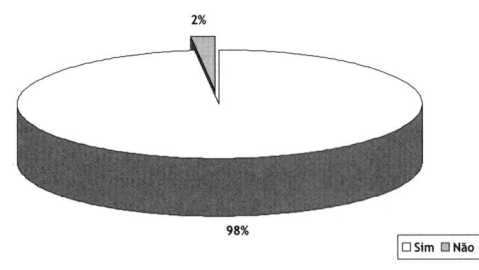

2%
98%
☐ Sim ☐ Não

GRÁFICO 27. PROTEÇÃO DA INTIMIDADE: HOUVE RESPEITO À DIGNIDADE HUMANA E À FAMÍLIA?

Nota: no gráfico intitulado "Proteção da intimidade" não houve nenhuma ocorrência das categorias: "uso de imagens de pessoas vivas sem autorização", "ofensas às convicções religiosas" e "desrespeito à propriedade privada e seus limites".

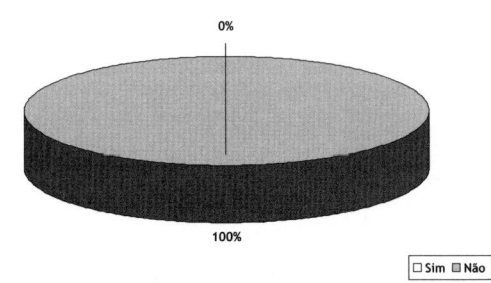

0%
100%
☐ Sim ☐ Não

GRÁFICO 28. POLUIÇÃO E ECOLOGIA: HOUVE ESTÍMULO À DEPREDAÇÃO?

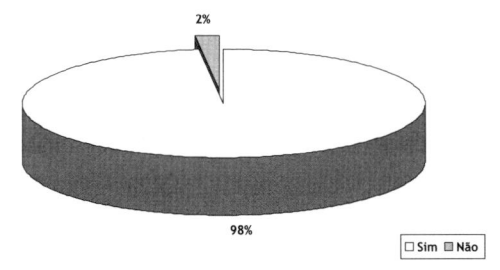

GRÁFICO 29. CRIANÇAS E ADOLESCENTES: DAR ATENÇÃO ÀS CARACTERÍSTICAS PSICOLÓGICAS

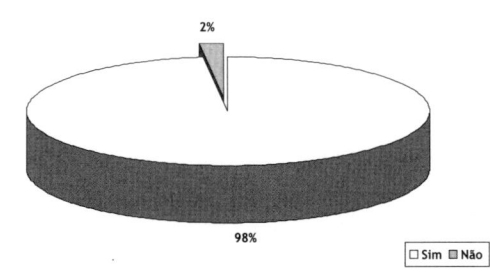

GRÁFICO 30. CRIANÇAS E ADOLESCENTES: RESPEITO À INGENUIDADE E À CREDULIDADE

Nota: nos gráficos intitulados "Crianças e adolescentes" não houve nenhuma ocorrência das categorias: "ofensa à moral do menor", "não inferiorizar o menor em caso de não-consumo", "não estimular o menor a constranger os pais", "induzir ao comportamento social condenável" e "preocupação com segurança e boas maneiras".

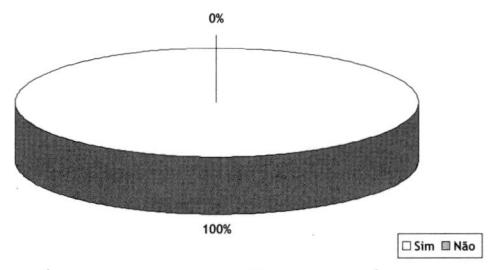

GRÁFICO 31. IDENTIFICAÇÃO PUBLICITÁRIA: A PEÇA FOI DISTINGUIDA COMO ANÚNCIO?

66%　34%

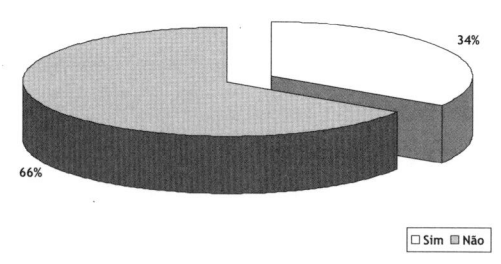

☐ Sim ☐ Não

GRÁFICO 32. IDENTIFICAÇÃO PUBLICITÁRIA: HOUVE IDENTIFICAÇÃO DO ANUNCIANTE E DA AGÊNCIA? (NO CASO DE AGÊNCIA, SOMENTE MÍDIA IMPRESSA)

Nota: nos gráficos intitulados "Identificação publicitária" não houve nenhuma ocorrência das categorias: "identificar matéria paga" e "invasão editorial".

ANÁLISE DOS ANÚNCIOS

As análises dos anúncios a seguir são importantes exemplos da conduta de empresas no campo da propaganda. São pontos de discussão para a reflexão do papel social da comunicação mercadológica e das empresas que a utilizam como ferramenta de negócio e sustentabilidade econômica.

Accor Brasil — exemplo de clareza, objetividade e precisão da informação no segmento de turismo

A empresa Accor Hotels, do Grupo Accor Brasil, ofereceu um bom exemplo de propaganda responsável. O anúncio veiculado[20] para o lançamento do hotel Ibis Guarulhos não dispensa informações relevantes sobre o serviço de hospedagem. Por tra-

---

[20] *Folha de S.Paulo*, Ciência, São Paulo, 4-2-2003, p. A16.

tar-se de uma nova categoria hoteleira — hospedagem de primeira com preços reduzidos —, vários são os aspectos diferenciadores do hotel. Um deles é a não-inclusão do preço do café-da-manhã na diária, que é pago à parte.

Ambev (Skol®) — alerta sobre o consumo moderado de bebida alcoólica, mas descuido na utilização de jovens e palavras sugestivas em propaganda para televisão

A Ambev participou deste estudo com anúncios para as cervejas Bohemia e Antarctica (revista) e Skol (televisão). Os anúncios veiculados em revista estão de acordo com o Anexo P (vinhos e cervejas) do Conar e também com o CDC, porém o filme veiculado em televisão para a cerveja Skol, ambientado em uma praia, tem entre os figurantes um adolescente, utilização proibida pelo Conar. Além disso, o comercial baseia-se no forte calor do verão e, por meio de animação, ressalta que até o Sol sente calor e precisa refrescar-se tomando cerveja. O "Sol cantador" repete diversas vezes o refrão "e tava quente pra caramba", gíria vulgar em substituição a outra ainda mais vulgar usada no comercial original, substituída depois de algumas manifestações de representantes da sociedade.[21]

Quanto à inserção de um adolescente, o Conar orienta em seu Anexo P, item 2, letra "a": "A publicidade submetida a esse Anexo não deve ser dirigida a crianças e adolescentes tampouco encorajá-los a beber. Assim, crianças e adolescentes não devem figurar nos anúncios. Qualquer pessoa que apareça no anúncio deverá ser e parecer maior de 25 anos de idade".

---

[21] A propaganda usava o termo "caraca" no comercial original.

O comercial da cerveja Antarctica é pura sensualidade: uma garota apela para a cerveja para tornar seu romance mais envolvente. A cerveja tornou-se forte ingrediente de sensualidade, usada tanto na cozinha, na elaboração de pratos, quanto no perfume e no batom da garota. Também a cerveja Kaiser usa desse expediente, conforme poderá ser visto adiante.

Ambev (Antarctica®) — estímulo ao desafio

Uma série de comerciais da Antarctica® tem o desafio como mote, seja um nordestino do agreste enfrentando um poderoso coronel, seja um jovem viajando pelo sertão, gastando seus últimos centavos na compra da bebida. A Ambev fere o item 3, letra "a", do Anexo P do Conar, que ressalta que a propaganda não deve tornar a bebida um desafio.

Banco do Brasil — teriam as operadoras de crédito dificuldade para conciliar a técnica publicitária com a necessidade de esclarecer o consumidor?

Trata-se do anúncio, para televisão, do cartão de crédito OuroCard, que demonstra as facilidades de pagamento, porém não fornece informação ostensiva sobre taxas administrativas e juros praticados, ausente também dos anúncios veiculados na mídia impressa. O banco, entretanto, publicou, em jornal, anúncio de quatro páginas sobre sua performance econômica e social em 2002.[22]

---

[22] *Folha de S.Paulo*, Brasil, São Paulo, 19-2-2003, p. A9.

Boehringer Ingelheim — a preocupação com a apresentação pode ter ignorado a finalidade do produto

Com a promessa de eficácia e discrição, o laxante Guttalax® é um exemplo de adequação de um produto às exigências e às necessidades dos consumidores. De utilização que dispensa maiores esclarecimentos, Guttalax® versão "pérolas" cumpre sua função e é fácil de levar na bolsa. Contudo, mesmo com a inserção, no anúncio para revista, das legendas de contra-indicação e advertência "ao persistirem os sintomas, o médico deverá ser consultado", o laboratório Boehringer Ingelheim apenas esqueceu um detalhe: seria o problema físico do consumidor tratável com um laxante? A automedicação é um problema sério em nosso país, as descrições relacionadas ao efeito do produto não podem ser comprovadas de imediato, e a falta de conhecimento e experiência do consumidor é um agravante.

Companhia Brasileira de Distribuição (Extra, CompreBem, Barateiro, Pão de Açúcar) — o varejo precisa encontrar uma forma de passar todas as informações e condições de venda a prazo na propaganda

Se existe um aspecto da comunicação do varejo que precisa de solução é o da informação ostensiva prevista no CDC. O que se vê em boa parte dos anúncios veiculados em jornal e televisão é a omissão do preço total a prazo dos produtos anunciados. Muitas vezes a informação curva-se à estética e ao conteúdo da propaganda, sendo relegada ao segundo plano, quando o papel do anúncio veiculado precisa ser, primeiro, o de informar.

A Companhia Brasileira de Distribuição, ou Grupo Pão de Açúcar como é mais conhecida, é uma referência brasileira em gestão da responsabilidade social no varejo. Convidada por diversas entidades a expor seus valores e princípios a comunidades empresariais, a companhia surpreendeu-nos ao ignorar uma exigência do CDC quanto às condições de venda a prazo. Nenhum anúncio da rede Extra e das demais redes do grupo que fazem parte da amostra especifica o preço total e a taxa de juros para as vendas parceladas.

Coca-Cola (Kaiser®) — sensualidade e sexualidade na propaganda de cerveja: mais do que uma questão ideológica, faltou cumprir as determinações do Conar

Que não fique apenas na discussão puramente ideológica: o Conar é explícito em seu Anexo P (vinhos e cervejas), item 3 e letras "f" e "h": "Os anúncios não deverão associar a imagem dos produtos ao desempenho de qualquer atividade profissional e não se utilizarão de imagens, linguagem ou idéias que sugiram que o consumo do produto contribua para o êxito profissional, social ou sexual".

Diferentemente do que se estabelece como socialmente responsável, o apelo à sensualidade é o que quase todas as marcas de cerveja utilizam para persuadir o consumidor. A corporificação de uma marca nunca foi tão explícita e verdadeira como agora. O corpo feminino nunca foi tão explorado por esse segmento como se tem constatado nos últimos anos.

Coca-Cola (refrigerante) — Vibezone, um evento em você

O anúncio do refrigerante se refere ao evento Vibezone de música, organizado pelo anunciante. Forte apelo jovem e cores vibrantes despertam a atenção para a programação de dois dias. Todas as legendas necessárias foram inseridas na peça publicitária, como a validade da meia-entrada e a obrigatoriedade de comprovação da maioridade civil.

Fiat Automóveis — Informações nem sempre claras de venda e a valorização do bom comportamento social: os paradoxos da indústria de automóveis

A análise dos anúncios da Fiat trouxe algumas curiosidades. Se, por um lado, a propaganda de automóvel exige uma sobrecarga de informações ao consumidor relacionadas aos aspectos técnicos dos veículos, ao cumprimento da legislação federal no que se refere aos itens de segurança e meio ambiente e às condições de financiamento (o maior número de comerciais veiculados refere-se a promoções e condições especiais de venda), por outro, ela proporciona uma grande oportunidade para conscientizar o consumidor-cidadão.

O comercial institucional do Fiat Stilo assume caráter estimulador de um comportamento socialmente responsável e ainda muito distante dos padrões brasileiros. Um rapaz estaciona o automóvel e percebe que o motorista do carro estacionado atrás joga lixo pela janela. O motorista do Fiat Stilo desce do automóvel, olha o outro motorista com ar de reprovação, abaixa-se, recolhe o lixo e o deposita numa lixeira. A peça é encerrada com o *slogan* "Stilo. Ou você tem, ou você não tem". Um bom exemplo de incentivo à cidadania.

Ressaltamos dois anúncios veiculados em revista cujo objetivo era divulgar a potência do motor do automóvel Fiat Palio. O primeiro traz a imagem de um caminhão de coleta de lixo com os coletores pendurados e o segundo, um trator e seu condutor com a calça bem abaixo da cintura. Ambos chegam a sugerir algum preconceito.

Grupo VR — uma empresa líder não por acaso

Ostensibilidade e clareza são ingredientes encontrados na campanha do Grupo VR para o serviço CDVR Smart (crédito fornecido a pessoas físicas pelo departamento de recursos humanos das empresas a clientes do grupo). Por tratar-se de empréstimo, a propaganda está subordinada a regras específicas sobre taxas de juros. A empresa VR não economizou nos dados e nas informações, inclusive nas fontes e nos parâmetros para comparação entre suas taxas de juros e as da concorrência.

McDonald's — McOfertas ao gosto do freguês

A rede de *fast food* McDonald's está inovando no atendimento e na variedade. Anúncios veiculados em televisão mostram como agora é possível o cliente McDonald's montar sua própria refeição a partir da composição, de livre escolha, dos produtos (lanches, bebidas e acompanhamentos). Seria um indício de preocupação da rede em oferecer aos consumidores refeições mais saudáveis? O McDonald's estaria deixando a decisão de escolha (e a responsabilidade) nas mãos do consumidor?

Nestlé — a promoção-cidadã e os líderes de audiência dominical

A Nestlé conseguiu uma façanha: juntou Augusto Liberato e Fausto Silva, velhos rivais da audiência dos domingos, numa única promoção. A megapromoção sorteava casas e eletrodomésticos, além de destinar toneladas de alimentos ao Programa Fome Zero do governo federal. A solidariedade dos apresentadores de televisão "empresta" valor à imagem da Nestlé e reforça o conceito de desenvolvimento social vigente desde a posse do novo governo.

Renault — um alerta sobre cintos de segurança e *air bags*

Entre as indústrias de automóveis que fizeram parte desta pesquisa, a Renault nos chamou a atenção pelo estilo de fazer propaganda. Moderna, arrojada e utilizando imagens que transmitem dinamismo, a empresa inclui em todas as legendas dos anúncios o alerta "Cintos de segurança em conjunto com *air bags* salvam vidas", um reforço à prevenção de acidentes e à segurança do consumidor, aspectos previstos no CDC em seu artigo 8º.

Sadia — comida *light*, comida saudável. Será?

Há um grande equívoco sobre alimentos *light* e alimentos *diet*. Grosso modo, o alimento *light* é aquele com menos calorias, e o *diet* é indicado a diabéticos, portanto, sem adição de açúcar. Afirmar que um alimento é *light* exige do anunciante esforço redobrado para comprovar a promessa da qual a peça publicitária se faz valer.

Os anúncios em revista e televisão da Linha *Light* Sadia exploram conceitos como beleza, disposição e corpo em forma. Porém, em nenhuma das peças há algum tipo de informação que estabeleça parâmetros para a comprovação do argumento. É certo que a linha de produtos já passou de sua fase de lançamento e encontra-se na fase de consolidação e sustentação de marca, mas a inclusão de uma tabela comparativa de calorias, por exemplo, daria maior credibilidade ao anunciante. Dessa forma, o consumidor poderia ter maiores informações e a comprovação de que realmente estaria ingerindo menos calorias.

Volkswagen Veículos e Caminhões — 50 anos de Brasil ainda não foram suficientes para conhecer e confiar

Surpreendem alguns aspectos da comunicação mercadológica da Volkswagen. Por exemplo, a diversidade que a companhia vem assumindo em sua comunicação. Crianças e personagens do humor televisivo têm alterado o perfil sisudo da propaganda da Volkswagen, que perdurou por muitas décadas, desde os anos 1960, quando o Fusca era o carro preferido do brasileiro.

Anúncio veiculado em televisão do carro mais popular e líder de vendas da Volkswagen, o Gol, mostra, por mais de vinte segundos dos trinta totais, o modelo Geração III, quando, na verdade, o objetivo da peça publicitária era uma promoção de vendas para o modelo mais simples da linha, o Gol *Special*. O modelo Geração III foi exposto com todos os acessórios e opcionais, o que valoriza o automóvel, mas o faz muito diferente da versão *Special*, o "primo pobre" da linha. Até mesmo aspectos da produção do anúncio, como o fundo utilizado para mostrar o modelo mais completo e o fundo utilizado para mostrar o modelo mais simples, são objeto de atenção, porque influenciam diretamente na percepção do produto pelo consumidor.

Contrapondo a propaganda duvidosa do Gol *Special*, o anúncio do Pólo Sedan valoriza a segurança do consumidor, quando ressalta, como principal argumento na peça publicitária, a segurança dos passageiros, oferecendo cinto de três pontos. De novo, os paradoxos da indústria automobilística.

Avon — nunca foi tão fácil ser jovem

Os anúncios da Avon, a gigante da venda de porta em porta no Brasil, são repletos de bom gosto, valorização étnica e enaltecimento da beleza feminina. Agressiva no desenvolvimento de produtos, forte investidora em promoções e com um *slogan* que consegue sintetizar com perfeição sua maneira de se relacionar com a consumidora — "A gente conversa, a gente se entende" —, a Avon afirma, em uma de suas peças publicitárias para revista, que o produto Renew "reverte os sinais da idade" e convida a consumidora a fazer "[...] como a maioria das mulheres brasileiras. Deixe sua pele respirar [...]", sem citar, ainda que em pequena legenda lateral, dados científicos que garantam a credibilidade que um produto necessita para sobreviver perante a concorrência e tantas promessas de juventude propaladas em tempos de globalização. Pormenor que conferiria ainda maior seriedade à tão séria Avon seria o atendimento ao artigo 31 do CDC quanto à obrigatoriedade de informação ostensiva ao consumidor.

DPaschoal — aventura nas férias sem o uso do cinto de segurança

Em comercial que ressalta a importância de uma viagem de férias segura, a necessidade de revisão do veículo é o principal argumento da rede de pneus, acessórios e manutenção DPaschoal. Não fosse pelo descuido de mostrar jovens dirigindo Jipe sem o uso do cinto de segurança, a empresa estaria prestando bom serviço à sociedade.

Ericsson (Sony Ericsson) — telefones celulares que tiram fotos com perfeição. Será?

A quantidade de anúncios de aparelhos de telefones celulares que tiram fotografias tem aumentado ultimamente, tanto na mídia impressa quanto na eletrônica. Impressiona a qualidade da imagem que tais aparelhos reproduzem e a intenção das empresas de "vender" ao consumidor alguns benefícios, como diversão, praticidade e invasão da privacidade alheia, como é o caso do anúncio da Ericsson veiculado na revista *Claudia*,[23] que sugere às mulheres fotografar homens num vestiário. O que mais impressiona, no entanto, é que a imagem reproduzida no visor do celular é uma perfeição no mínimo duvidosa. Talvez fosse recomendável incluir no anúncio a legenda "foto meramente ilustrativa", como aparece em peças publicitárias de alimentos para preparo doméstico, como bolos, tortas e pudins, e mesmo nos anúncios veiculados pela concorrente Nokia no mesmo período, que coloca, em legenda, a capacidade da imagem da foto em megapixels (ver comentários adiante).

Intelig — as empresas de telefonia fixa e a guerra pelos consumidores

A década de 1990 foi marcada pela guerra dos jornais e pela guerra das cervejas, que protagonizaram verdadeiros bombardeios na televisão. O século XXI começou com a guerra dos DDIs e DDDs, e quem a promove são as empresas de telefonia. Com bom humor e o firme propósito de identificar-se com o consumidor, a Intelig promete facilidade e preço competitivo nas ligações interurbanas nacionais e internacionais. Anúncios publicados em jornais e revistas esclarecem, por meio de legendas, as condições para as chamadas. Porém, anúncios veiculados em televisão deixam a desejar quanto à ostensibilidade da informação. O consumidor precisa ficar alerta, porque muitas vezes o preço por minuto de ligação pode sair mais caro do que se

---

[23] Revista *Claudia*, nº 486, março de 2002.

imagina, já que o Imposto sobre Operações Relativas à Circulação de Mercadorias e sobre Prestações de Serviços de Transporte Interestadual, Intermunicipal e de Comunicação (ICMS) não está incluso na tarifa anunciada. A título de exemplo, o minuto do interurbano a 23 centavos poderá chegar a 36 centavos com a cobrança do imposto.

Itaú — valores econômicos e sociais

Há algum tempo o Itaú vem mostrando a importância dos valores sociais em sua propaganda. Anúncio veiculado em televisão tem ingrediente que valoriza a família. Neto e avô conversam e jogam xadrez. Experiência dos mais velhos, paciência, solidariedade, atenção e valores éticos são ressaltados na peça publicitária.

Também em anúncios publicados em jornais, o Itaú utiliza crianças sem ferir sua integridade, comprometer sua segurança ou induzir ao comportamento social condenável.

Johnson & Johnson (Sundown Kids) — castelos de areia e sereias: a fantasia de Sundown Kids

Impressiona a quantidade de versões apresentadas pela Johnson & Johnson para o produto Sundown. São fatores de proteção maiores e menores, em gel ou *spray*, para cabelos, lábios, para adultos e crianças. As prateleiras dos supermercados mal conseguem acomodar tantas opções.

A variedade da linha de proteção solar é apresentada em página dupla de revista dirigida ao público adulto, e a versão *Kids* (para crianças) ganhou trinta segundos em comercial veiculado em televisão. Objetivando agregar o conceito de durabilidade ao produto em contato com a água, utilizou-se a figura de uma sereia mirim que brinca com um garotinho na areia da praia. De acordo com a recomendação do Conar quanto ao uso de crianças em anúncios publicitários, a nosso ver, a Johnson & Johnson se aproveitou da ingenuidade e da credulidade da criança, dando a impressão de que sereias existem.

Multibras (Brastemp) — a melhor lavadora do mercado, segundo ela mesma

O papel aceita tudo, até afirmações que beiram a soberba, como é o caso das três páginas seqüenciais da lavadora Brastemp veiculadas na revista *Claudia* de dezembro de 2002. A promessa baseia-se em algumas características do produto, como sistema exclusivo de remoção de manchas (união de água quente, sabão em pó e movimento agitador), cesto em aço inoxidável e painel eletrônico mais moderno. Faltaram parâmetros de comparação que pudessem comprovar a promessa da Brastemp.

Natura — um ícone da gestão empresarial brasileira na atualidade

Festejada e copiada pela sua forma de gerir os negócios, a Natura está estabelecendo novos parâmetros empresariais. Utilizando-se do conceito de biodiversidade e investindo na valorização do ser humano — sua comunicação é, muitas vezes, uma declaração de respeito às pessoas como elas são —, a Natura inova também em sua comunicação mercadológica.

Anúncios publicados na revista *Claudia* de março de 2002 ressaltam a importância das relações humanas, explorando o que há de mais essencial na vida de seu principal público consumidor, as mulheres. Afeto, romance, beleza natural, maternidade, amizade, "bem estar bem", como proclama seu *slogan*, são aspectos do dia-a-dia das pessoas refletidos na propaganda. O compromisso de expor a realidade nos anúncios é peça-chave de posicionamento da empresa em seu segmento. Animamo-nos a fazer uma recomendação a essa empresa de atitude social invejável. No anúncio do anti-sinais Chronos — produto cuja promessa é a prevenção e/ou redução de sinais de expressão — é preciso acrescentar a legenda da fundamentação científica dos resultados da promessa, visto que o produto é pesquisado e desenvolvido com estrita seriedade.

Nokia — o feio na visão da empresa

Citamos anteriormente, na análise dos anúncios da Ericsson, o bom exemplo da Nokia, no campo da informação clara e ostensiva ao consumidor, ao veicular anúncio de aparelhos celulares que fotografam. Dos dois anúncios publicados em revista, um poderia ser entendido como abusivo pelo uso da imagem de um rapaz com poucos atrativos físicos cercado por garotas-aviões, reforçado pelo título "Tem coisas que falando ninguém acredita". Não se trata de propaganda discriminatória, como prevê o Conar em seu artigo 20, mas pode ser entendida como desrespeito à dignidade humana e à sociedade, visto que as empresas com atuação responsável não devem valorizar em sua comunicação aspectos relacionados à beleza física em detrimento das diversidades sociais.

Petrobras — usamos em nossos automóveis o mesmo combustível usado em carros de Fórmula 1?

Essa é a dúvida que paira no ar quando terminamos de assistir aos comerciais da Petrobras. Baseados no fato de que a empresa fornece combustível à equipe de F1 Williams, seus anúncios dão a impressão de que o combustível fornecido ao consumidor é o mesmo quando são prometidos desempenho, potência e avanço tecnológico, nos postos da rede, sem nenhuma comprovação científica. A incompatibilidade entre os carros de Fórmula 1 e os automóveis de passeio, dadas as características de engenharia muito diferenciadas, não poderia permitir o uso do mesmo combustível.

Outro anúncio que se utiliza do mesmo argumento do comercial citado também valoriza a potência do motor em uma situação na qual o motorista patentemente dirige em velocidade acima do recomendável nas cidades, algo que nos parece de pouca preocupação social.

Telefonica (Super 15, outros serviços) — o Super 15 "fazendo a cabeça" das crianças

Assistindo aos comerciais e lendo os anúncios da Telefonica, tem-se a impressão de que ela se preocupa com a clareza de informações prevista no Conar e no CDC. As condições dos serviços quanto aos aspectos técnicos e preços são amplamente trabalhadas nas peças publicitárias. Porém, em comercial veiculado sobre o Super 15, o herói das ligações DDD e da economia, uma criança explica uma promoção em que, mediante consumo mínimo de 15 reais e pagamento de 3 reais, a empresa brinda os usuários com um boneco miniatura da personagem.

O menino que protagoniza o comercial é enfático em suas afirmações e convoca as crianças a pedir aos pais um boneco. Na seção 11, artigo 37, inciso I, letras "d" e "e", o Conar explicita que os anúncios devem abster-se de impor a noção de que o consumo do produto proporciona superioridade ou, na sua falta, inferioridade, e de provocar situações de constrangimento aos pais ou responsáveis, ou molestar terceiros, com o propósito de impingir o consumo. Nos últimos segundos do comercial, aparecem vários bonecos, e uma pequena legenda durante o comercial alerta que a promoção está limitada a um boneco por conta telefônica. O mesmo garoto protagoniza outro comercial em que acusa o pai de muquirana por ser tão econômico nos gastos.

Outro comercial da Telefonica, para o Speedy (serviço de internet), expõe uma criança ao constrangimento em sala de aula. Quando convocado pela professora a apresentar em voz alta seu trabalho de pesquisa sobre animais, o garotinho termina sua leitura sem concluir as informações. Quando a educadora lhe pergunta o porquê do trabalho incompleto, ele responde: "É que a internet da minha casa só baixou a pesquisa até este pedaço!". Como se pode concluir, o Speedy resolve todos os problemas. Pilhas e pilhas de papéis são orgulhosamente colocadas pelo pequeno aluno na mesa da professora após a aquisição do serviço.

Considerações a respeito da identificação publicitária de anúncios, da propaganda comparativa e da utilização de plágio

No artigo 29, seção 6 — Identificação Publicitária —, o Conar recomenda que as agências de propaganda assinem os anúncios impressos veiculados sob sua responsabilidade, o que nem sempre acontece. Impressiona a quantidade de anúncios sem identificação da agência: no total 21 anúncios da amostra das 59 empresas participantes do estudo. Não temos como afirmar se se trata de exclusão deliberada, produção e veiculação por meio de *house* ou apenas da não-observância ao Código Brasileiro de Auto-Regulamentação Publicitária.

A propaganda comparativa e o plágio, previstos no Conar e no CDC e submetidos a regras específicas, não incidiram em nenhuma peça publicitária das empresas que fizeram parte deste estudo, o que nos faz supor que, contrariamente ao que ocorria há alguns anos, as empresas vêm buscando estabelecer uma comunicação mais ética, valorizando os atributos e os benefícios dos produtos, sem compará-los, de maneira agressiva, aos dos concorrentes ou até mesmo plagiá-los.

CONCLUSÃO

Direcionada para e pelo contexto econômico-social da propaganda, nossa proposta, neste livro, foi expor características que vislumbrem a oportunidade — e o desafio — de contribuir para a reflexão de acadêmicos, pesquisadores, profissionais, agências de propaganda e anunciantes no que concerne à propaganda socialmente responsável, sua relevância e seus entraves no século XXI, sem pretender esgotar o tema.

Primeiro, avaliamos se há cumprimento dos postulados éticos corporativos na propaganda veiculada pelas empresas, tendo em vista aspectos de responsabilidade social e ética nos negócios, principalmente quanto às atitudes relacionadas ao consumidor.

Em segundo lugar, analisamos as experiências de construção de imagem de marca que contemplam os valores éticos e a atuação social empresarial (discurso *versus* prática), considerando a participação e a contribuição parcial da propaganda nesse contexto.

Por último, inferimos as causas e os efeitos prováveis da propaganda socialmente responsável, assim como daquela que não contempla os valores e os interesses morais da sociedade.

Vimos que as empresas e os anúncios analisados estavam, em sua maioria, de acordo com os postulados éticos. No entanto, a representatividade numérica das ocorrências positivas, relacionadas aos valores morais e éticos considerados na gestão da responsabilidade social corporativa, ilude, a nosso ver, o leitor mais desatento. Apesar do cumprimento dos códigos, nem sempre o respeito das empresas é guiado por filosofia ou regras normativas internas.

Observa-se o baixo índice percentual de empresas que não atenderam ao artigo 9º do CDC, relativo à informação ao consumidor quanto à nocividade de produtos e serviços à saúde e à segurança. A empresa Ford, por exemplo, enquadrada nesse item como ocorrência negativa juntamente com a Fiat, apresenta uma das melhores *performances* de propaganda responsável, conforme apresentado neste estudo. Porém, poderia ser assumido pelas organizações o papel de incentivadoras do "uso responsável" do automóvel. Essa contribuição poderia ser espontânea e agregaria maior valor às marcas.

As ocorrências negativas relativas ao artigo 52 do CDC, que se refere à informação prévia e adequada sobre crédito e financiamento, apontam para um aspecto da propaganda que contraria sua própria finalidade. O Grupo Pão de Açúcar, o Banco do Brasil e a empresa Credicard fazem parte dessa estatística, porque descuidaram-se do aspecto informativo dos anúncios quando não incluíram informações claras e precisas sobre as condições de financiamento.

Quanto às ocorrências que deveriam estar de acordo com o que estabelece o Conselho Nacional de Auto-Regulamentação Publicitária (Conar), apenas 5% das empresas não atenderam à categoria "honestidade — abuso à confiança do consumidor". Por exemplo, a Credicard e a Sadia não foram esclarecedoras em seus anúncios. Porém, cabe-nos questionar: o que é honestidade? Estariam todas as outras 56 empresas da amostra totalmente adequadas ao artigo? Não haveria possibilidade de o consumidor ser surpreendido ao adquirir um produto ou contratar um serviço por desconhecê-los total ou parcialmente?

O que se apurou no aspecto qualitativo também exige reflexões mais detidas. E por que não dizer o talhar de novas formas de fazer propaganda a partir de uma nova forma de ver a propaganda? Variáveis de cidadania, ética e responsabilidade social são tão importantes quanto as imagens e as palavras, discussão que vem ganhando espaço na sociedade.

Em janeiro de 2003 houve, em Porto Alegre, Rio Grande do Sul, o Fórum Social da Publicidade dentro da programação paralela do III Fórum Social Mundial.

Sob o tema "Você é o reflexo das suas ações", o fórum procurou despertar os participantes para a revolução por que passa a propaganda em relação à responsabilidade social e para as atuais características conceituais, de estrutura e de paradigmas dessa ferramenta. O que se extraiu do evento foi o consenso de que a propaganda faz parte de uma sociedade e como tal precisa assumir suas responsabilidades como agente de cidadania. Que sejam esses os bons ventos da nova propaganda que sopram na sociedade de consumo.

O acelerado avanço dos processos de industrialização que permitem o desenvolvimento de novos produtos, as características de logística e distribuição e os investimentos em comunicação mercadológica estabelecem semelhanças entre empresas e produtos (isto é, os processos de produção e comunicação estão transformando os produtos em *commodities*), colocando-os em patamares muito próximos uns dos outros.

O mundo moderno e a globalização impulsionam para uma maior valorização das marcas do que dos produtos em si, reforçando o conceito de que elas não só representam o produto real como também incorporam atributos tangíveis e intangíveis que as fazem diferentes num ambiente de tantas igualdades físicas. Assim, uma marca não se faz isoladamente. Ela precisa unir alguns componentes, como qualidade do produto, embalagem e propaganda para sustentar-se num mercado tão competitivo.

Do ponto de vista do consumidor, a percepção de produto vai muito além das características físicas, ganhando identidade e assumindo personalidade própria a partir de seu "comportamento", fruto da *performance*, do tipo e da qualidade do relacionamento que a marca promove com o consumidor no dia-a-dia. Relacionamentos baseados em valores éticos podem agregar a uma marca qualidades bastante representativas e decisivas no processo de compra. Marcas que tentam se firmar baseando-se em mentiras ou desrespeito aos interesses sociais podem enfraquecer-se e tornar-se invariavelmente assunto e alvo de críticas de uma sociedade cada vez mais exigente e consciente de seus direitos. Marcas, portanto, podem ser a síntese de vários elementos, tendo como base valores e percepções, elementos cujo caráter é emocional.

Para José Benedito Pinho, a marca é, portanto, "a síntese dos elementos físicos, racionais, emocionais e estéticos nela presentes e desenvolvidos através dos tempos",[1] referindo-se ao processo de construção de marca baseado em valores e percepções, muitos dos quais criados pela propaganda num esforço contínuo de coerência, apropriação e atratividade para o consumidor.

Para atender a essa necessidade, as empresas têm de estabelecer parâmetros de responsabilidade social com alcance na comunicação — além dos já consagrados Conar e Código de Defesa do Consumidor, que, ainda hoje, não se mostram claros e objetivos.

Embora tenha havido recente discussão sobre a função ética do Conar e seu estímulo à adoção de valores relacionados à propaganda socialmente responsável, ato encabeçado pelo Instituto Ethos, o código de ética da propaganda ainda é um instrumento ético que não atende a todas as necessidades sociais e comunicacionais da atualidade. Detectamos com o estudo a ausência de anexos e capítulos específicos para os segmentos de telefonia fixa e móvel, serviços de internet e transmissão de dados, combustíveis, consórcios e outras formas de crédito, além de empréstimos, categoria do Anexo E, o que pode ser um indício da necessidade de atualização do código. Estranha muito a ausência de matéria sobre esses segmentos de mercado, já que o Conar veiculou campanha publicitária em 2002 expondo sua finalidade social.

Quanto ao trabalho desenvolvido pelo Instituto Ethos, organização não-governamental sem objetivo de certificar empresas tampouco submetê-las a tipo algum de auditoria em res-

---

[1] José Benedito Pinho, *O poder das marcas* (São Paulo: Summus, 1996), p. 43.

ponsabilidade social, vemos como tímida sua contribuição à prática para a propaganda socialmente responsável. Exemplo disso são os indicadores Ethos de responsabilidade social empresarial (versão 2006), método de auto-análise empresarial sobre a gestão responsável. No capítulo "Consumidores e clientes: dimensão social do consumo", no item "Política de comunicação comercial", os indicadores apenas abordam aspectos relativos à revisão periódica de materiais destinados aos consumidores (informação ostensiva, clara e objetiva prevista nos postulados éticos); à presença de política formal contra propaganda abusiva que coloque crianças, adolescentes, mulheres ou grupos minoritários em situações preconceituosas, constrangedoras, desrespeitosas ou de risco; à realização de análise prévia de campanha publicitária para verificar a conformidade com valores éticos da empresa e com a legislação de defesa do consumidor; e à verificação, nos últimos três anos, da retirada de circulação de alguma peça de comunicação em razão de reclamações de clientes, fornecedores ou concorrentes. No acervo de publicações do instituto não há título dedicado à propaganda ética.

Não havendo parâmetros teóricos para a responsabilidade social da propaganda, tampouco a troca de informação entre as empresas sobre essa matéria, na prática as empresas deparam com a necessidade de envolver seus profissionais num processo contínuo de aprendizado e conscientização isolados. Uma busca sem compromisso social declarado depara com os conflitos entre as necessidades e expectativas mercadológicas e o politicamente correto. Exemplo disso é o caso da Ford. Antonio Maciel Neto, presidente da companhia, demonstrou surpresa e preocupação quando comentávamos alguns detalhes de um comercial veiculado pela empresa, em que um guarda de trânsito decide não multar o condutor que parou o veículo em local proibido porque o automóvel era "tão bonito" que não poderia receber uma multa. Ora, caberia ao "homem da lei" apenas aplicar a multa e não estabelecer tal parâmetro para não aplicá-la. Acompanhado do gerente de responsabilidade social da Ford no momento da entrevista, Maciel Neto expressou, voltando-se para ele: "Precisamos tomar mais cuidado com isso...".

Também o representante do departamento de comunicação da Natura Cosméticos, Marcelo Soderi, em 2003 reafirmou a política de comunicação responsável da empresa e aponta que a responsabilidade social da companhia está em estágio bastante avançado, porém não concluído. Ressalva ainda que há certo conflito entre o objetivo mercadológico da propaganda e os aspectos relacionados ao papel social. Segundo ele, nem sempre os interesses mercadológicos se afinam com os interesses sociais. A discussão fica, por diversas vezes, no campo ideológico e distante do embasamento teórico, técnico e legal que poderia ter.

Dessa forma, entendemos que propaganda e consumo são irmãos siameses e os interesses sociais são, por natureza, conflitantes. Também o conteúdo da comunicação publicitária reflete, por vezes, o comportamento ético (ou não) intrínseco da empresa, que comumente a própria empresa não percebe.

As empresas Johnson & Johnson e Reckitt Benckiser foram multadas em 2002 por terem reduzido a quantidade do produto por embalagem sem a adequada informação aos consumidores. Em razão da propaganda enganosa feita pelas empresas, o Departamento de Proteção e Defesa do Consumidor (DPDC) determinou também a sanção da contrapropaganda. A Johnson & Johnson precisou explicar, de maneira clara e ostensiva, as modificações realizadas em todos os meios de oferta em que houve veiculação de informações sobre o produto, bem como em veículos de comunicação, e foi condenada a pagar multa de mais de 1 milhão de reais. Durante o depoimento, a empresa não conseguiu convencer o DPDC de que a redução do produto na embalagem era legal.[2] Novamente, é a prática fornecendo parâmetros para a teoria.

Analisar o comportamento ético das empresas nem sempre é tarefa fácil. Existe verdade no que as empresas determinam para si mesmas como parâmetros éticos? Os códigos de ética corporativos e as declarações das responsabilidades das empresas têm alcance na propaganda? A propaganda é uma área importante e decisiva para o posicionamento ético da empresa? O *feedback* que recebemos de algumas organizações pode dar pistas a respeito de como estão se engajando na responsabilidade social com os *stakeholders*.

As declarações formais do Grupo VR e do Grupo Accor apontam direções bastante semelhantes da gestão de responsabilidade social. Vejamos suas manifestações:

Grupo VR
De fato, somos filiados ao Ethos pela necessidade de buscar um foco na atuação socialmente responsável de nossa empresa. Somos uma companhia 100% nacional e com grande

---

[2] *Valor On-Line*, São Paulo, 21-11-2002, disponível em http://www.valor.com.br.

potencial de contribuição para ajudar na transformação do lamentável quadro social que temos no país.

No entanto, não há nada de muito relevante a dizer sobre a nossa propaganda neste contexto. Nossa agência de publicidade compartilha de nossos valores, atuamos em conformidade com as regras do Conar, valorizamos a diversidade e o realismo na propaganda, mas é só.

Grupo Accor

Nossa política de responsabilidade social é a de conquistar a excelência na qualidade da nossa relação com todos os *stakeholders*.

A Accor no Brasil vem exercendo sua vocação de empresa cidadã, gerando novos empregos, proporcionando formação e desenvolvimento das pessoas, pagando impostos e desenvolvendo ações e projetos especiais de apoio à comunidade e ao meio ambiente. Agora, queremos mais. Queremos aliar, de maneira ainda mais sólida e duradoura, nossa excelência em produtos e serviços aos projetos sociais e ambientais, disponibilizando recursos, trabalho e talentos para reforçar nossos laços com a comunidade e contribuir com foco em avanços educacionais, pois acreditamos ser a via fundamental para gerar o desenvolvimento humano, transformando potenciais em competências, seres humanos em cidadãos plenos.[3]

Nota-se, de acordo com as declarações, que há a tentativa de acertar. Iniciativas em diversas direções mostram os caminhos tomados pela responsabilidade social corporativa, principalmente os relativos às ações para as comunidades externas.

---

[3] As informações que serviram de base para esta análise foram enviadas pelas empresas por correio ou *e-mail*.

A confusão sobre o que significa responsabilidade social também se faz presente nas organizações, fato bastante previsível em tempos de aprendizado corporativo. Estas confundem ações de marketing social com gestão de responsabilidade social. Acreditam estar fazendo o bem apoiando projetos sociais e esquecem-se de que a propaganda, por exemplo, é um instrumento de transformação social, para o bem ou para o mal.

O adiamento do diálogo das empresas com seus públicos de relacionamento interno e externo também é reforçado pela percepção que adquirimos participando de outros fóruns e instâncias de discussão ao longo dos últimos cinco anos. Apesar da posição privilegiada de mercado da qual desfrutam, inúmeras empresas estabelecem postura crítica e degenerativa diante da responsabilidade social corporativa, tratando-a como pontual, modismo ou, simplesmente, ferramenta de marketing.

A necessidade de imprimir um tom personificado no conteúdo da propaganda, por sua vez, torna a empresa quase humana, com comportamentos e características próprios de pessoas. Essa personificação empresarial começa a atingir patamares de cidadania, condição que antes somente seria possível ser conquistada por pessoas físicas.

A dificuldade em estabelecer parâmetros éticos na propaganda não nos parece depender de uma vontade deliberada das empresas nem se dá em razão da ausência de regulamentação mais rígida, que, embora exista, se encontra incapaz de instituir certos critérios.

É bastante provável que a busca de aprovação e de melhoria da *performance* mercadológica seja mais importante e mais urgente para as empresas do que compreender a relação entre a economia e o social e os papéis indissociáveis de consumidor e cidadão, o que demandaria tempo e investimentos demasiados conflitantes com a necessidade de obter lucro.

O aspecto de pontualidade das ações corporativas em contraponto com a sustentabilidade dos negócios numa perspectiva de longo prazo — pensar e agir visando o desenvolvimento sustentável de toda a sociedade, deixando de lado os interesses exclusivamente individuais — esbarra nos aspectos retóricos das organizações numa clara tentativa de estabelecimento de visões a seu respeito, exatamente como elas próprias determinam. Entendemos que alguns recursos utilizados pelas organizações, como as descrições, as explicações e as justificativas de sua conduta e de seus produtos — nem sempre comprovadas —, são amplamente empregados em sua propaganda e representam um pouco do abandono do diálogo que elas deveriam promover com os consumidores.

Quando uma empresa faz afirmação com o *slogan* "A gente conversa, a gente se entende", como é o caso da Avon, o recurso publicitário descreve, explica e justifica a forma de ser da empresa e estabelece padrões de relacionamento com o consumidor. Não se trata aqui de fazer incursão na validade do discurso ou em sua legitimidade, o que provavelmente nos desviaria do foco deste livro, mas, sim, procurar identificar se os argumentos utilizados na propaganda receberam algum tratamento ético, seja no campo do desenvolvimento humano, seja no econômico, seja no ambiental. Ou, ao contrário, encontrar algum tipo de descuido em relação aos interesses sociais e morais da sociedade, como e quanto o conteúdo comunicacional se desdobra. Seria ético afirmar "a gente conversa" quando não se incluem na peça publicitária dados científicos que comprovem a eficácia do produto? Seria ético a consumidora comprovar se a promessa foi cumprida após usar o produto por um longo período?

Seria ético também a empresa de serviços automotivos DPaschoal argumentar que fazer revisão do automóvel antes de viajar é um item básico de segurança e colocar os atores do comercial dirigindo sem cinto de segurança e em alta velocidade? Seria exemplo de responsabilidade social da propaganda mostrar uma foto feita por aparelho celular com imagem tão nítida quanto a realidade, como fez a Ericsson, quando sabemos que o resultado nem sempre será esse? Seria propaganda ética a Brastemp afirmar que um produto, no caso a lavadora de roupas, proporciona benefícios que só ele pode oferecer, uma vez que há outros fabricantes cujos produtos têm as mesmas características? Seria exemplo de propaganda socialmente responsável induzir o consumidor a pensar que o combustível vendido em posto de gasolina é o mesmo usado em carros de Fórmula 1, como fez a Petrobras?

Não sejamos, porém, tão pessimistas. Bons exemplos ficarão registrados aqui também.

Talvez fosse proveitoso que algumas empresas observassem aquilo que de melhor vem sendo feito por outras, como é o caso da Natura, que valoriza a diversidade e não incentiva supostos padrões de beleza, ou do Banco Itaú, que utiliza crianças em suas peças publicitárias sem colocá-las em situações constrangedoras e ressalta valores da família. Ou ainda da Renault, que reforça a importância da segurança ao conduzir um veículo, e da Intelig, que não dispensa o detalhamento das informações sobre suas tarifas e condições para o fornecimento de seus serviços.

Na verdade, a realidade de uma empresa construída por meio de palavras e imagens inseridas na propaganda poderá refletir suas crenças e políticas de responsabilidade social ao mesmo tempo que dará garantias de sua conduta ao consumidor. Munido de uma peça publicitária, qualquer consumidor terá respaldo legal para exigir seus direitos. Assim, empresas com mais consciência social e maior responsabilidade na condução de seus planos comunicacionais tornam-se menos vulneráveis a reclamações judiciais, perda de prestígio, comprometimento da reputação e, conseqüentemente, queda nas vendas. Todo e qualquer anúncio veiculado pode tornar-se uma credencial que proporcione segurança na "verdade" que a empresa estabelece sobre si mesma, item de transparência e compromisso corporativo. E é dessa forma que passamos da análise simplista e moralista da propaganda para um entendimento mais amplo sobre a importância de planejar e implementar ações de comunicação mercadológica baseadas em códigos éticos e na valorização do interesse social como uma contribuição realmente cidadã.

Estamos convencidos de que há fatores relevantes da ética publicitária que necessitam de maior reflexão. Se a gestão da responsabilidade social começa a ganhar importância para as organizações, estaria a propaganda contemplada como uma estratégia que levaria aos objetivos da empresa que pretende ser cidadã ou, ao contrário, seria a propaganda apenas uma ferramenta necessária de exposição da marca e dos conceitos? As empresas já adquiriram visão ampliada do contexto econômico-social da propaganda ou estariam elas reforçando (ou apenas deixando para o futuro a discussão) que a comunicação publicitária é um campo somente mercadológico e capitalista?

A conduta ética nos negócios e o respeito aos valores sociais poderiam ser oferecidos pelas empresas aos consumidores com o mesmo entusiasmo, positivismo, poesia e valor oferecidos aos atributos e aos benefícios dos produtos. Se há a intenção declarada de tornarem-se empresas-cidadãs, então as organizações poderiam contribuir para o estabelecimento de parâmetros éticos na propaganda que serviriam, certamente, como agentes motivadores de novas condutas sociais.

REFERÊNCIAS BIBLIOGRÁFICAS

AAKER, David A. *Criando e administrando marcas de sucesso*. São Paulo: Futura, 1996.

ADLER, Richard P. & FIRESTONE, Charles M. *A conquista da atenção: a publicidade e as novas formas de comunicação*. São Paulo: Nobel, 2002.

ARANTES, Nélio. *Sistemas de gestão empresarial*. São Paulo: Atlas, 1998.

ARISTÓTELES. *Ética nicomáquea: ética eudemia*. Madri: Gredos, 1995.

ARRUDA, Maria Cecília Coutinho de et al. *Fundamentos de ética empresarial e econômica*. São Paulo: Atlas, 2001.

ASHLEY, Patricia Almeida (org.). *Ética e responsabilidade social nos negócios*. São Paulo: Saraiva, 2002.

_____ et al. *Responsabilidade social corporativa e cidadania empresarial: uma análise conceitual comparativa*. Trabalho apresentado no Encontro da Associação Nacional de Pós-graduação e Pesquisa em Administração (Enanpad 2000). Rio de Janeiro, setembro de 2000.

ASSOCIAÇÃO BRASILEIRA DE AGÊNCIAS DE PUBLICIDADE. Lei nº 4.680, de 18 junho de 1965. Dispõe sobre o exercício da profissão de publicitário e de agenciador de propaganda. Disponível em http://www.abap.com.br, acesso em 8-4-2003.

AUSTIN, James E. *Parceiros: fundamentos e benefícios para o 3º setor*. São Paulo: Futura, 2001.

BARDIN, Laurence. *Análise de conteúdo*. São Paulo: Martins Fontes, 1977.

BARROS FILHO, Clovis. *Ética na comunicação: da informação ao receptor*. São Paulo: Moderna, 1995.

BROWN, Marvin T. *Ética nos negócios*. São Paulo: Makron Books, 1993.

BUENO, Wilson da Costa. *Comunicação empresarial: teoria e prática*. São Paulo: Manole, 2003.

BULGACOV, Sérgio (org.). *Manual de gestão empresarial*. São Paulo: Atlas, 1999.

CAHEN, Roger. *Comunicação empresarial*. São Paulo: Best Seller, 1990.

CANCLINI, Nestor Garcia. *Consumidores e cidadãos: conflitos multiculturais da globalização*. Rio de Janeiro: UFRJ, 1999.

Centro de Estudos e Pesquisas em Educação, Cultura e Ação Comunitária (Cenpec). *O que as empresas podem fazer pela educação*. São Paulo: Cenpec/Instituto Ethos, 1999.

COBRA, Marcos. *Planejamento estratégico de marketing*. São Paulo: Atlas, 1986.

CÓDIGO BRASILEIRO DE AUTO-REGULAMENTAÇÃO PUBLICITÁRIA. Disponível em http://www.conar.org.br/jurisprudencia, acesso em 12-9-2002.

CÓDIGO DE DEFESA DO CONSUMIDOR. Disponível em http://www.idec.org.br, acesso em 8-4-2003.

Consumo consciente. São Paulo, disponível em http://www.akatu.net, acesso em 23-9-2002.

CORRADO, Frank M. *A força da comunicação: quem não se comunica*. São Paulo: Makron Books, 1994.

DIAS, Sérgio Roberto (org.). *Tudo o que você queria saber sobre propaganda e ninguém teve paciência de explicar*. 3ª ed. São Paulo: Atlas, 1989.

DISKIN, Lia et al. *Ética, valores humanos e transformação*. São Paulo: Peirópolis, 1998.

DRUCKER, Peter F. "A próxima sociedade e o management". Em *HSM Management*, 1 (36), ano 7, São Paulo, jan.-fev. de 2003.

_____. *Introdução à administração*. São Paulo: Thomson Pioneira, 2002.
DUPAS, Gilberto. *Ética e poder na sociedade da informação*. 2ª ed. São Paulo: Unesp, 2001.
FAIRCLOUGH, Norman. *Discurso e mudança social*. Brasília: Universidade de Brasília, 2001.
FERRARI, Flávio. *Planejamento e atendimento: a arte do guerreiro*. São Paulo: Loyola, 1998.
FERRÉS, Joan. *Televisão subliminar: socializando através de comunicações despercebidas*. Porto Alegre: Artmed, 1998.
GIACOMINI FILHO, Gino. *Consumidor versus propaganda*. São Paulo: Summus, 1991.
_____. "Uma abordagem societal do marketing e da publicidade". Em *Comunicação & Sociedade*, nº 19, São Bernardo Campo, Umesp, 1998, pp.103-114.
GIGLIO, Ernesto. *O comportamento do consumidor e a gerência de marketing*. São Paulo: Pioneira, 1996.
GIL, Antonio Carlos. *Métodos e técnicas de pesquisa social*. São Paulo: Atlas, 1994.
GIL, Marta (org.). *O que as empresas podem fazer pela inclusão das pessoas com deficiência*. São Paulo: Instituto Ethos, 2002.
GOLDBERG, Ruth. *Como as empresas podem implementar programas de voluntariado*. São Paulo: Instituto Ethos, 2001.
"Guia Exame de boa cidadania corporativa". Em revista *Exame*, nº 754, São Paulo, 2001.
HALLIDAY, Tereza Lúcia. *A retórica das multinacionais: a legitimação das organizações pela palavra*. São Paulo: Summus, 1987.
HARTLEY, Robert F. *Errores en el marketing*. Madri: Paraninfo, 1990.
INSTITUTO ADVB DE RESPONSABILIDADE SOCIAL. *Pesquisa nacional sobre responsabilidade social nas empresas (IV edição)*. São Paulo: Instituto ADVB, 2003.
INSTITUTO AKATU. *Consumidor: o poder da consciência*. Diálogos Akatu nº 2. São Paulo: Instituto Akatu, 2002.
INSTITUTO ETHOS. *Como as empresas podem (e devem) valorizar a diversidade*. São Paulo: Instituto Ethos, 2000.

_____. *Como as empresas podem investir na saúde da mulher.* São Paulo: Instituto Ethos, 2000.

_____. *Formulação e implantação de código de ética em empresas: reflexões e sugestões.* São Paulo: Instituto Ethos, 2000.

_____. *O que as empresas podem fazer pela criança e pelo adolescente.* São Paulo: Instituto Ethos, 2000.

_____. *Responsabilidade social das empresas: percepção do consumidor brasileiro.* São Paulo: Instituto Ethos, pesquisas de 2000, 2001 e 2002.

KLEIN, Naomi. *Sem logo: a tirania das marcas em um planeta vendido.* Rio de Janeiro: Record, 2002.

KOTLER, Philip. *Administração de marketing: a edição do novo milênio.* 10ª ed. São Paulo: Pearson/Prentice Hall, 2000.

_____. *Marketing social: estratégias para alterar o comportamento público.* São Paulo: Campus, 1992.

KRIPPENDORFF, Klaus. *Metodología de análisis de contenido.* Barcelona: Piados Ibérica, 1990.

KWASNICKA, Eunice Lacava. *Introdução à administração.* 5ª ed. São Paulo: Atlas, 1995.

LAZZARINI, Marilena et al. *Código de Defesa do Consumidor: anotado e exemplificado e legislação correlata.* São Paulo: ASV, 1991.

MARCONI, Marina de A. & LAKATOS, Eva M. *Técnicas de pesquisa.* São Paulo: Atlas, 1966.

MAXIMIANO, Antonio Cesar Amaru. *Introdução à administração.* 4ª ed. São Paulo: Atlas, 1995.

_____. *Teoria geral da administração: da escola científica à competitividade na economia globalizada.* 2ª ed. São Paulo: Atlas, 2000.

McKENNA, Regis. *Estratégias de marketing em tempos de crise.* Rio de Janeiro: Campus, 1989.

MELO NETO, Francisco Paulo de & FROES, César. *Responsabilidade social e cidadania empresarial: a administração do terceiro setor.* Rio de Janeiro: Qualitymark, 1999.

MINISTÉRIO DO PLANEJAMENTO, ORÇAMENTO E GESTÃO. *Evolução recente das condições e das políticas sociais no Brasil.* Brasília: Ipea, 2001.

NASH, Laura L. *Ética nas empresas.* São Paulo: Makron Books, 1993.

OGDEN, James R. *Comunicação integrada de marketing: um modelo prático para desenvolver um plano criativo e inovador.* São Paulo: Pearson/Prentice Hall, 2002.

OGILVY, David. *A publicidade segundo Ogilvy.* São Paulo: Prêmio, 1985.

PASQUALOTTO, Adalberto. *Os efeitos obrigacionais da publicidade no Código de Defesa do Consumidor.* São Paulo: Revista dos Tribunais, 1997.

PEPPERS, Don & ROGERS, Martha. *Marketing um a um: marketing individualizado na era do cliente.* Rio de Janeiro: Campus, 1994.

PETERS, Tom. *The Circle of Innovation.* Nova York: Alfred A. Knopf, 1997.

PINHO, José Benedito. *Comunicação em marketing.* São Paulo: Papirus, 1991.

_____. *O poder das marcas.* São Paulo: Summus, 1996.

POPCORN, Faith. *O relatório Popcorn.* São Paulo: Campus, 1994.

PRINGLE, Hamish & THOMPSON, Marjorie. *Marketing social: marketing para causas sociais e a construção de marcas.* São Paulo: Makron Books, 2000.

RAMOS, Ricardo. *Contato imediato com propaganda.* São Paulo: Global, 1987.

REGO, Francisco G. Torquato. *Comunicação empresarial, comunicação institucional: conceitos, estratégias, sistemas, estrutura, planejamento e técnicas.* São Paulo: Summus, 1986.

RIES, Al & TROUT, Jack. *Marketing de guerra.* São Paulo: McGraw-Hill, 1986.

_____. *Posicionamento: como a mídia faz sua cabeça.* São Paulo: Pioneira, 1987.

SAMPAIO, Rafael. *Propaganda de A a Z.* São Paulo: Campus, 1997.

SANT'ANNA, Armando. *Propaganda: teoria, técnica e prática.* São Paulo: Pioneira, 1999.

SILVA, Roberto. *O que as empresas podem fazer pela reabilitação do preso.* São Paulo: Instituto Ethos, 2001.

SOUZA, Francisco Alberto M. de. *Marketing pleno.* São Paulo: Makron Books, 1999.

STERN, Gary J. *Terceiro setor: ferramentas de auto-avaliação para empresas*. São Paulo: Futura, 2001.

STONER, James A. F. *et al. Management*. Upper Saddle River: Prentice Hall, 1992.

SZAZI, Eduardo. *Terceiro setor: regulação no Brasil*. São Paulo: Peirópolis, 2000.

"Top of Mind 2002". Em *Folha de S.Paulo*, São Paulo, 2002. Disponível em http://www.folha.com.br/especial/2002/topofmind, acesso em 9-10-2002.

"Um jeito diferente de fazer negócios". Em revista *Exame*, nº 787, São Paulo, 2003.

VAZ, Gil Nuno. *Marketing institucional: mercado de idéias e imagens*. São Paulo: Pioneira, 1995.

VECCHI, Carla Cristina. "A publicidade abusiva e o Código de Defesa do Consumidor". Em *Revista Imes Comunicação*, nº 48, São Caetano do Sul, semestral, 2000.

VIEIRA, Geraldinho (org.). *Investimento social na idade mídia: discurso e imagem da iniciativa privada na imprensa brasileira*. São Paulo: Peirópolis, 2000.

VILA NOVA, Sebastião. *Introdução à sociologia*. São Paulo: Atlas, 1992.

ÍNDICE GERAL

Agradecimentos, 13
Análise dos anúncios, 108
Aspectos da cultura empresarial — ética, valores e missão, 23
Aspectos sociais brasileiros e as empresas, 30
Atuação silenciosa das empresas em prol de suas marcas, A, 82
Categorias analisadas referentes ao CDC, 97
Categorias analisadas referentes ao Conar, 100
Código brasileiro de auto-regulamentação publicitária, 91
Código de defesa do consumidor (CDC), 86
Conclusão, 125
Considerações a respeito da identificação publicitária de anúncios, da propaganda comparativa e da utilização de plágio, 123
Consumerismo como estímulo à propaganda socialmente responsável, O, 74
Dedicatória, 11
Ética e responsabilidade social corporativa, 23
Ética empresarial, 26
Função mercadológica e social da propaganda, 69
Importância da propaganda responsável, A, 15
Nota do editor, 7
Papel das grandes empresas, O, 44
Papel social da propaganda, O, 69
Pesquisa e análise de anúncios publicitários, 93

Postulados éticos — parâmetros da propaganda socialmente
   responsável, 86
Prefácio, 9
Referências bibliográficas, 139
Responsabilidade social corporativa e propaganda, 61
Responsabilidade social e gestão empresarial — aspectos da
   empresa-cidadã, 40
Responsabilidade social e orientação de marketing, 53

REDE DE UNIDADES SENAC SÃO PAULO

Capital e Grande São Paulo

Centro Universitário Senac Campus Santo Amaro
Tel.: (11) 5682-7300 • Fax: (11) 5682-7441
E-mail: campussantoamaro@sp.senac.br

Senac 24 de maio
Tel.: (11) 2161-0500 • Fax: (11) 2161-0540
E-mail: 24demaio@sp.senac.br

Senac Consolação
Tel.: (11) 2189-2100 • Fax: (11) 2189-2150
E-mail: consolacao@sp.senac.br

Senac Francisco Matarazzo
Tel.: (11) 3879-3600 • Fax: (11) 3864-4597
E-mail: franciscomatarazzo@sp.senac.br

Senac Guarulhos
Tel.: (11) 2187-3350 • Fax: 2187-3355
E-mail: guarulhos@sp.senac.br

Senac Itaquera
Tel.: (11) 2185-9200 • Fax: (11) 2185-9201
E-mail: itaquera@sp.senac.br

Senac Jabaquara
Tel.: (11) 2146-9150 • Fax: (11) 2146-9550
E-mail: jabaquara@sp.senac.br

Senac Lapa Faustolo
Tel.: (11) 2185-9800 • Fax: (11) 2185-9802
E-mail: lapafaustolo@sp.senac.br

Senac Lapa Scipião
Tel.: (11) 3475-2200 • Fax: (11) 3475-2299
E-mail: lapascipiao@sp.senac.br

Senac Lapa Tito
Tel.: (11) 6888-5500 • Fax: (11) 6888-5567
E-mail: lapatito@sp.senac.br

Senac Nove de Julho
Tel.: (11) 2182-6900 • Fax: (11) 2182-6941
E-mail: novedejulho@sp.senac.br

Senac – Núcleo de Idiomas Anália Franco
Tel.: (11) 6671-4447 • Fax: (11) 6671-3827
E-mail: idiomasanaliafranco@sp.senac.br

Senac – Núcleo de Idiomas Santana
Tel.: (11) 6976-5443 • Fax: (11) 6977-9044
E-mail: idiomassantana@sp.senac.br

Senac – Núcleo de Idiomas Vila Mariana
Tel.: (11) 5573-9790 • Fax: (11) 5579-1395
E-mail: idiomasvilamariana@sp.senac.br

Senac Osasco
Tel.: (11) 2164-9877 • Fax: (11) 2164-9822
E-mail: osasco@sp.senac.br

Senac Penha
Tel.: (11) 2135-0300 • Fax: (11) 2135-0398
E-mail: penha@sp.senac.br

Senac Santa Cecília
Tel.: (11) 2178-0200 • Fax: (11) 2178-0226
E-mail: santacecilia@sp.senac.br

Senac Santana
Tel.: (11) 2146-8250 • Fax: (11) 2146-8270
E-mail: santana@sp.senac.br

Senac Santo Amaro
Tel.: (11) 5523-8822 • Fax: (11) 5687-8253
E-mail: santoamaro@sp.senac.br

Senac Santo André
Tel.: (11) 6842-8300 • Fax: (11) 6842-8301
E-mail: santoandre@sp.senac.br

Senac Tatuapé
Tel.: (11) 2191-2900 • Fax: (11) 2191-2949
E-mail: tatuape@sp.senac.br

Senac Tiradentes
Tel.: (11) 3329-6200 • Fax: (11) 3329-6266
E-mail: tiradentes@sp.senac.br

Senac Vila Prudente
Tel.: (11) 3474-0799 • Fax: (11) 3474-0700
E-mail: vilaprudente@sp.senac.br

Interior e Litoral

Centro Universitário Senac Campus Águas de São Pedro
Tel.: (19) 3482-7000 • Fax: (19) 3482-7036
E-mail: campusaguasdesaopedro@sp.senac.br

Centro Universitário Senac Campus Campos do Jordão
Tel.: (12) 3688-3001 • Fax: (12) 3662-3529
E-mail: campuscamposdojordao@sp.senac.br

Senac Araçatuba
Tel.: (18) 3623-8740 • Fax: (18) 3623-1404
E-mail: aracatuba@sp.senac.br

Senac Araraquara
Tel.: (16) 3336-2444 • Fax: (16) 3336-9337
E-mail: araraquara@sp.senac.br

Senac Barretos
Tel./fax: (17) 3322-9011
E-mail: barretos@sp.senac.br

Senac Bauru
Tel.: (14) 3321-3199 • Fax: (14) 3321-3119
E-mail: bauru@sp.senac.br

Senac Bebedouro
Tel.: (17) 3342-8100 • Fax: (17) 3342-3517
E-mail: bebedouro@sp.senac.br

Senac Botucatu
Tel.: (14) 3882-2536 • Fax: (14) 3815-3981
E-mail: botucatu@sp.senac.br

Senac Campinas
Tel.: (19) 2117-0600 • Fax: (19) 2117-0601
E-mail: campinas@sp.senac.br

Senac Catanduva
Tel.: (17) 3522-7200 • Fax: (17) 3522-7279
E-mail: catanduva@sp.senac.br

Senac Franca
Tel.: (16) 3723-9944 • Fax: (16) 3723-9086
E-mail: franca@sp.senac.br

Senac Guaratinguetá
Tel.: (12) 3122-2499 • Fax: (12) 3122-4786
E-mail: guaratingueta@sp.senac.br

Senac Itapetininga
Tel.: (15) 3272-5463 • Fax: (15) 3272-5177
E-mail: itapetininga@sp.senac.br

Senac Itapira
Tel.: (19) 3863-2835 • Fax: (19) 3863-1518
E-mail: itapira@sp.senac.br

Senac Itu
Tel.: (11) 4023-4881 • Fax: (11) 4013-3008
E-mail: itu@sp.senac.br

Senac Jaboticabal
Tel./Fax: (16) 3204-2037
E-mail: jaboticabal@sp.senac.br

Senac Jaú
Tel.: (14) 3622-2272 • Fax: (14) 3621-6166
E-mail: jau@sp.senac.br

Senac Jundiaí
Tel.: (11) 4586-8228 • Fax: (11) 4586-8223
E-mail: jundiai@sp.senac.br

Senac Limeira
Tel.: (19) 3451-4488 • Fax: (19) 3441-6039
E-mail: limeira@sp.senac.br

Senac Marília
Tel.: (14) 3433-8933 • Fax: (14) 3422-2004
E-mail: marilia@sp.senac.br

Senac Mogi-Guaçu
Tel.: (19) 3891-7676 • Fax: (19) 3891-7771
E-mail: mogiguacu@sp.senac.br

Senac Piracicaba
Tel.: (19) 2105-0199 • Fax: (19) 2105-0198
E-mail: piracicaba@sp.senac.br

Senac Presidente Prudente
Tel.: (18) 3222-9122 • Fax: (18) 3222-8778
E-mail: presidenteprudente@sp.senac.br

Senac Ribeirão Preto
Tel.: (16) 2111-1200 • Fax: (16) 2111-1201
E-mail: ribeiraopreto@sp.senac.br

Senac Rio Claro
Tel.: (19) 3524-6631 • Fax: (19) 3523-3930
E-mail: rioclaro@sp.senac.br

Senac Santos
Tel.: (13) 3222-4940 • Fax: (13) 3235-7365
E-mail: santos@sp.senac.br

Senac São Carlos
Tel.: (16) 3371-8228 • Fax: (16) 3371-8229
E-mail: saocarlos@sp.senac.br

Senac São João da Boa Vista
Tel./Fax: (19) 3623-2702
E-mail: sjboavista@sp.senac.br

Senac São José do Rio Preto
Tel.: (17) 2139-1699 • Fax: (17) 2139-1698
E-mail: sjriopreto@sp.senac.br

Senac São José dos Campos
Tel./fax: (12) 3929-2300
E-mail: sjcampos@sp.senac.br

Senac Sorocaba
Tel.: (15) 3227-2929 • Fax: (15) 3227-2900
E-mail: sorocaba@sp.senac.br

Senac Taubaté
Tel./Fax: (12) 3632-5066
E-mail: taubate@sp.senac.br

Senac Votuporanga
Tel.: (17) 3426-6700 • Fax: (17) 3426-6707
E-mail: votuporanga@sp.senac.br

Outras Unidades

Editora Senac São Paulo
Tel.: (11) 2187-4450 • Fax: (11) 2187-4486
E-mail: editora@sp.senac.br

Grande Hotel São Pedro – Hotel-escola Senac
Tel.: (19) 3482-7600 • Fax: (19) 3482-7700
E-mail: grandehotelsaopedro@sp.senac.br

Grande Hotel Campos do Jordão – Hotel-escola Senac
Tel.: (12) 3668-6000 • Fax: (12) 3668-6100
E-mail: grandehotelcampos@sp.senac.br

CANAL ABERTO
Para um Senac cada vez melhor.
Críticas, elogios e sugestões.
0800 883 2000
canalaberto@sp.senac.br

EDITORA SENAC SÃO PAULO

DISTRIBUIDORES

DISTRITO FEDERAL
Gallafassi Editora e Distribuidora Ltda.
SAAN – Qd. 2, 1.110/1.120
70632-200 – Brasília/DF
Tel.: (61) 3039-4686 • Fax: (61) 3036-8747
e-mail: vendas@gallafassi.com.br

ESPÍRITO SANTO
Editora Senac Rio de Janeiro
Av. Franklin Roosevelt, 126/604 – Castelo
20021-120 – Rio de Janeiro/RJ
Tel.: (21) 2240-2045 • Fax: (21) 2240-9656
e-mail: editora@rj.senac.br

GOIÁS
Gallafassi Editora e Distribuidora Ltda.
Rua 70, 601 – Centro
74055-120 – Goiânia/GO
Tel.: (62) 3941-6329 • Fax: (62) 3941-4847
e-mail: vendas.go@gallafassi.com.br

Planalto Distribuidora de Livros
Rua 70, 620 – Centro
74055-120 – Goiânia/GO
Tel.: (62) 3212-2988 • Fax: (62) 3225-6460
e-mail: sebastiaodemiranda@zaz.com.br

MINAS GERAIS
Leitura Distr. e Repr. Ltda.
Rua Curitiba, 760 – 1º andar
30170-120 – Belo Horizonte/MG
Tel.: (31) 3271-7747 • Tel./fax: (31) 3271-4812
e-mail: leiturarepresenta@ibest.com.br

PARANÁ
Livrarias Curitiba
Av. Marechal Floriano Peixoto, 1.742 – Rebouças
80230-110 – Curitiba/PR
Tel.: (41) 3330-5000/3330-5046 • Fax: (41) 3333-5047
e-mail: pedidos@livrariascuritiba.com.br

RIO DE JANEIRO
Editora Senac Rio de Janeiro
Av. Franklin Roosevelt, 126/604 – Castelo
20021-120 – Rio de Janeiro/RJ
Tel.: (21) 2240-2045 • Fax: (21) 2240-9656
e-mail: editora@rj.senac.br

RIO GRANDE DO SUL
Livros de Negócios Ltda.
Rua Demétrio Ribeiro, 1.164/1.170 – Centro
90010-313 – Porto Alegre/RS
Tel.: (51) 3211-1445/3211-1340 • Fax: (51) 3211-0596
e-mail: livros@livrosdenegocios.com.br

SANTA CATARINA
Livrarias Catarinense
Rua Fulvio Aducci, 416 – Estreito
88075-000 – Florianópolis/SC
Tel.: (48) 3271-6000 • Fax: (48) 3244-6305
e-mail: vendassc@livrariascuritiba.com.br

SÃO PAULO
Bookmix Comércio de Livros Ltda.
Rua Jesuíno Pascoal, 118
01233-001 – São Paulo/SP
Tel.: (11) 3331-0536/3331-9662 • Fax: (11) 3331-0989
e-mail: bookmix@uol.com.br

Disal S.A.
Av. Marquês de São Vicente, 182 – Barra Funda
01139-000 – São Paulo/SP
Tel.: (11) 3226-3100/3226-3111 • Fax: (11) 0800-770-7105
e-mail: neide@disal.com.br

Pergaminho Com. e Distr. de Livros Ltda.
Av. Dr. Celso Silveira Rezende, 496 – Jardim Leonor
13041-255 – Campinas/SP
Tel.: (19) 3236-3610 • Fax: 0800-163610
e-mail: compras@pergaminho.com.br

Tecmedd Distribuidora de Livros
Av. Maurílio Biagi, 2.850 – City Ribeirão
14021-000 – Ribeirão Preto/SP
Tel.: (11) 3512-5500 • Tel./fax: (16) 3512-5500
e-mail: tecmedd@tecmedd.com.br

PORTUGAL
Dinalivro Distribuidora Nacional de Livros Ltda.
Rua João Ortigão Ramos, 17-A
1500-362 – Lisboa – Portugal
Tel.: +351 21 7122 210 • Fax: +351 21 7153 774
e-mail: comercial@dinalivro.pt

REPRESENTANTE COMERCIAL

AM-PA-MA-PI-CE-RN-PB-PE
Gabriel de Barros Catramby
Rua Major Armando de Souza Melo, 156 – Loja 403 – Boa Viagem
51030-140 – Recife/PE
Tel./fax: (81) 3341-6308
e-mail: gabrielcatramby@terra.com.br

SENAC – SERVIÇO NACIONAL DE APRENDIZAGEM COMERCIAL
ADMINISTRAÇÕES REGIONAIS

Acre
Rua Alvorada, 777 – Bosque
CEP 69909-380 Rio Branco, AC
Tels.: (68) 3211-3000 / 3211-3005
e-mail: hirlete@ac.senac.br
home page: http://www.ac.senac.br

Alagoas
Rua Pedro Paulino, 77 – Poço
CEP 57025-340 Maceió, AL
Tel.: (82) 3216-7800
e-mail: verdi@al.senac.br
home page: http://www.al.senac.br

Amapá
Av. Henrique Galúcio, 1.999 – Santa Rita
CEP 68900-170 Macapá, AP
Tel.: (96) 214-4100
e-mail: iguarassu@ap.senac.br
home page: http://www.ap.senac.br

Amazonas
Av. Djalma Batista, 2.507 – Chapada
CEP 69050-010 Manaus, AM
Tels.: (92) 3216-5740 / 3216-5745
e-mail: antonio@am.senac.br
home page: http://www.am.senac.br

Bahia
Av. Tancredo Neves, 1.109 – 10º andar – Pituba
CEP 41820-021 Salvador, BA
Tel.: (71) 3273-9701
e-mail: marina.almeida@ba.senac.br
home page: http://www.ba.senac.br

Ceará
Av. Tristão Gonçalves, 1.245 – Centro
CEP 60015-002 Fortaleza, CE
Tel.: (85) 3452-7000
e-mail: liaparente@ce.senac.br
home page: http://www.ce.senac.br

Distrito Federal
SCS – Quadra 2 – Bloco C, 227
CEP 70300-500 Brasília, DF
Tel.: (61) 3313-8800
e-mail: luizn@senacdf.com.br
home page: http://www.df.senac.br

Espírito Santo
Rua Amenophis de Assis, 255 – Bento Ferreira
CEP 29050-935 Vitória, ES
Tel.: (27) 3325-8222
e-mail: dcorteletti@es.senac.br
home page: http://www.es.senac.br

Goiás
Rua 31-A, 43 – Setor Aeroporto
CEP 74075-470 Goiânia, GO
Tel.: (62) 219-5108
e-mail: diretoria@go.senac.br
home page: http://www.go.senac.br

Maranhão
Rua do Passeio, 495 – Centro
CEP 65015-370 São Luís, MA
Tels.: (98) 3231-2426 / 3231-2044
e-mail: diretoriaregional@ma.senac.br
home page: http://www.ma.senac.br

Mato Grosso
Rua Jessé Pinto Freire, 171 – Centro
CEP 78020-090 Cuiabá, MT
Tel.: (65) 614-2431
e-mail: gil@mt.senac.br
home page: http://www.mt.senac.br

Mato Grosso do Sul
Rua 26 de Agosto, 835 – Centro
CEP 79002-080 Campo Grande, MS
Tels.: (67) 312-6212 / 312-6250
e-mail: reginaferro@ms.senac.br
home page: http://www.ms.senac.br

Minas Gerais
Rua Tupinambás, 1.086 – 5º andar – Centro
CEP 30120-070 Belo Horizonte, MG
Tels.: (31) 3278-4872 / 3278-4873
e-mail: cirilo@mg.senac.br
home page: http://www.mg.senac.br

Pará
Av. Assis de Vasconcelos, 359 – Comércio
CEP 66010-010 Belém, PA
Tels.: (91) 4009-6850 / 4009-6853
e-mail: suporte@pa.senac.br
home page: http://www.pa.senac.br

Paraíba
Rua Des. Souto Maior, 291 – 4º andar – Centro
CEP 58013-190 João Pessoa, PB
Tels.: (83) 3208-3169 / 3208-3100
e-mail: geraldo@pb.senac.br
home page: http://www.pb.senac.br

Paraná
Rua André de Barros, 750
CEP 80010-080 Curitiba, PR
Tel.: (41) 3219-4700
e-mail: monastier@pr.senac.br
home page: http://www.pr.senac.br

Pernambuco
Av. Visconde de Suassuna, 500 – Santo Amaro
CEP 50050-540 Recife, PE
Tel.: (81) 3423-3177
e-mail: emattos@pe.senac.br
home page: http://www.pe.senac.br

Piauí
Av. Campos Sales, 1.111 – Centro
CEP 64000-300 Teresina, PI
Tel.: (86) 3221-7060
e-mail: dr@pi.senac.br
home page: http://www.pi.senac.br

Rio de Janeiro
Rua Marquês de Abrantes, 99 – Flamengo
CEP 22230-060 Rio de Janeiro, RJ
Tels.: (21) 3138-1116 / 3138-1117
e-mail: direg@rj.senac.br
home page: http://www.rj.senac.br

Rio Grande do Norte
Rua São Tomé, 444 – Centro
CEP 59025-030 Natal, RN
Tel.: (84) 3203-4435
e-mail: ronaldor@rn.senac.br
home page: http://www.rn.senac.br

Rio Grande do Sul
Av. Alberto Bins, 665 – 12º andar – Centro
CEP 90030-142 Porto Alegre, RS
Tel.: (51) 3284-1903
e-mail: diretoria@senacrs.com.br
home page: http://www.senacrs.com.br

Rondônia
Rua Tabajara, 539 – Olaria
CEP 78906-660 Porto Velho, RO
Tels.: (69) 3229-6059 / 3229-5792
e-mail: hilton@ro.senac.br
home page: http://www.ro.senac.br

Roraima
Av. Major Williams, 2.084 – São Francisco
CEP 69301-110 Boa Vista, RR
Tels.: (95) 2121-1901 / 2121-1902
e-mail: arlindomuller@rr.senac.br
home page: http://www.rr.senac.br

Santa Catarina
Rua Felipe Schmidt, 785 – 7º andar – Centro
CEP 88010-002 Florianópolis, SC
Tel.: (48) 251-0500
e-mail: rudney@sc.senac.br
home page: http://www.sc.senac.br

São Paulo
Rua Doutor Vila Nova, 228 – 7º andar – V. Buarque
CEP 01222-903 São Paulo, SP
Tel.: (11) 3236-2000
e-mail: direg@sp.senac.br
home page: http://www.sp.senac.br

Sergipe
Av. Ivo do Prado, 564 – Centro
CEP 49015-070 Aracaju, SE
Tels.: (79) 3212-1501 / 3214-1560
e-mail: carlose.traversa@se.senac.br
home page: http://www.se.senac.br

Tocantins
AANO 20, cj. 3, lotes 3 e 4 – Centro
CEP 77010-040 Palmas, TO
Tel.: (63) 3219-1600
e-mail: senacto@uol.com.br
home page: http://www.to.senac.br